Impressum
Verlag: BABADADA GmbH, Nedderfeld 112 , 22529 Hamburg
Geschäftsführer / Verlagsleitung: Harald Hof
Druck: Books on Demand GmbH, In de Tarpen 42, 22848 Norderstedt

Imprint
Publisher: BABADADA GmbH, Nedderfeld 112 , 22529 Hamburg, Germany
Managing Director / Publishing direction: Harald Hof
Print: Books on Demand GmbH, In de Tarpen 42, 22848 Norderstedt

koulu

5ch00l

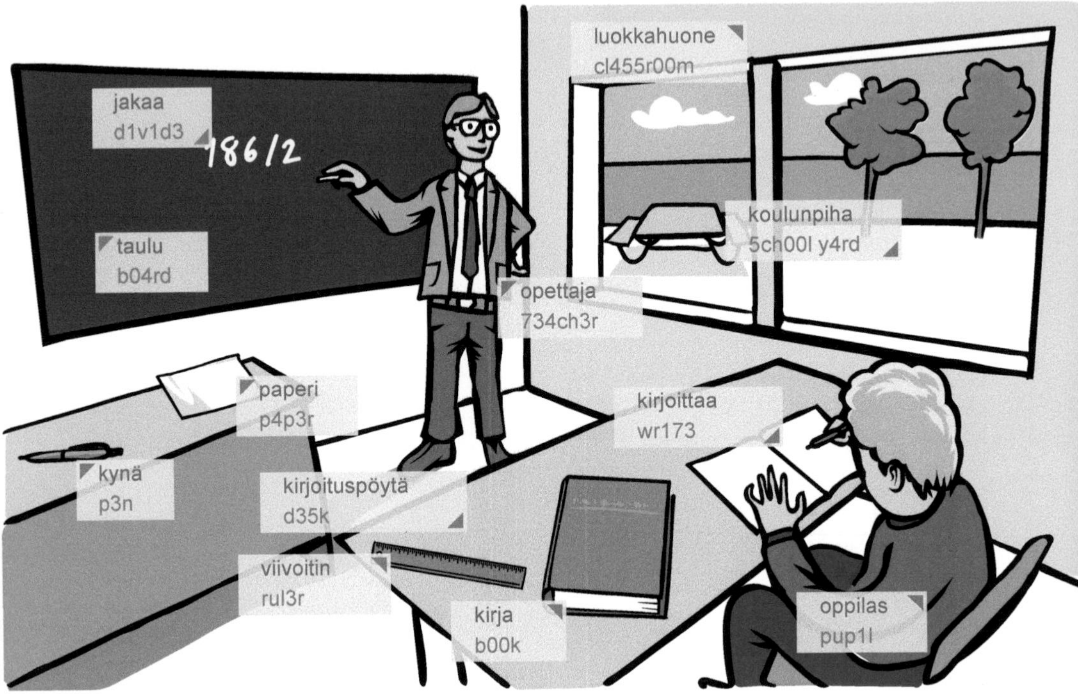

luokkahuone
cl455r00m
jakaa
d1v1d3
186/2
taulu
b04rd
koulunpiha
5ch00l y4rd
opettaja
734ch3r
paperi
p4p3r
kirjoittaa
wr173
kynä
p3n
kirjoituspöytä
d35k
viivoitin
rul3r
kirja
b00k
oppilas
pup1l

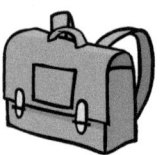

reppu

547ch3l

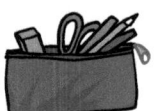

penaali

p3nc1l c453

lyijykynä

p3nc1l

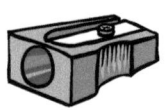

kynänteroitin

p3nc1l 5h4rp3n3r

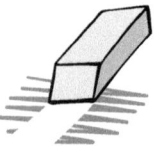

pyyhekumi

rubb3r

piirustuslehtiö

dr4w1n6 p4d

piirustus

dr4w1n6

pensseli

p41n7bru5h

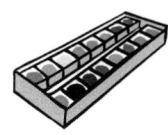

vesivärit

p41n7 b0x

sakset

5c1550r5

liima

6lu3

harjoituskirja

3x3rc153 b00k

kotitehtävä

h0m3w0rk

12

luku

numb3r

2+2

lisätä

4dd

5-2

vähentää

5ub7r4c7

2×2

kertoa

mul71ply

laskea

c4lcul473

A

kirjain

l3773r

ABCDEFG
HIJKLMN
OPQRSTU
VWXYZ

aakkoset

4lph4b37

sana

w0rd

teksti

73x7

lukea

r34d

liitu

ch4lk

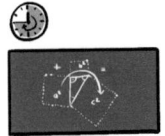

oppitunti

l3550n

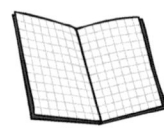

opettajan muistikirja

r361573r

koe

3x4m1n4710n

todistus

c3r71f1c473

koulupuku

5ch00l un1f0rm

koulutus

3duc4710n

sanakirja

3ncycl0p3d14

yliopisto

un1v3r517y

mikroskooppi

m1cr05c0p3

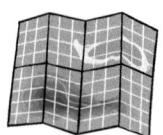

kartta

m4p

roskakori

w4573-p4p3r b45k37

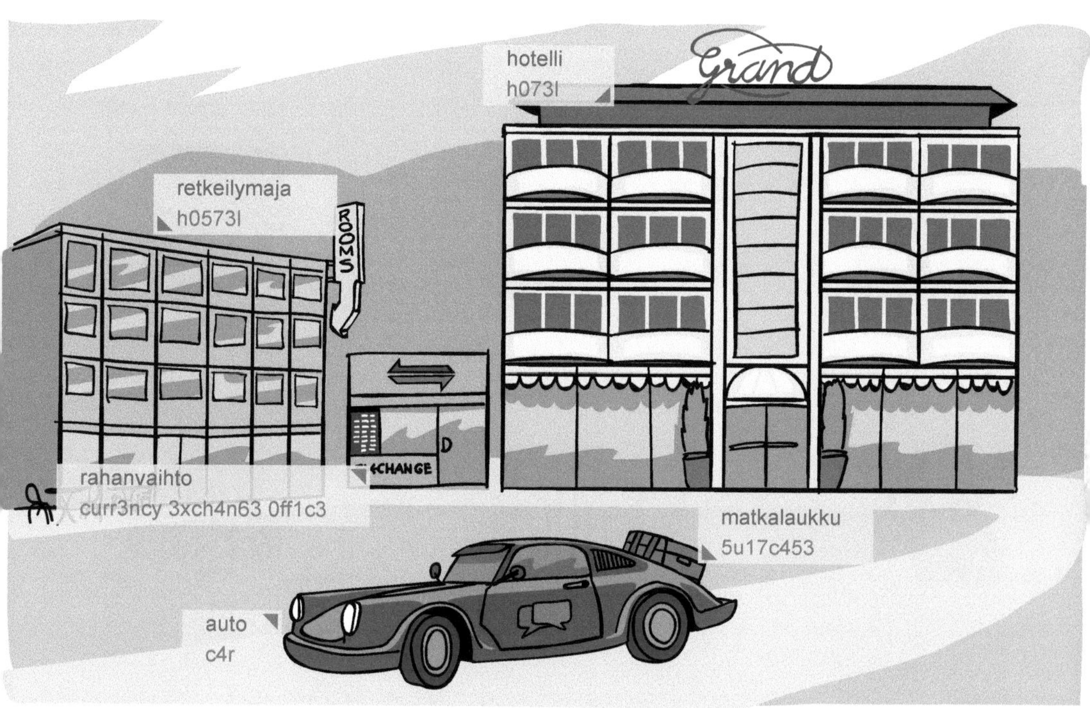

hotelli
h073l
Grand
retkeilymaja
h0573l
ROOMS
rahanvaihto
curr3ncy 3xch4n63 0ff1c3
EXCHANGE
matkalaukku
5u17c453
auto
c4r

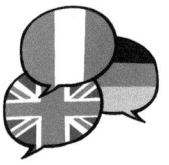

kieli
l4n6u463

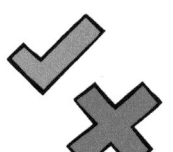

kyllä / ei
y35 / n0

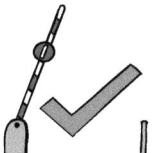

selvä
0k4y

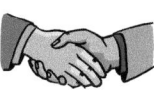

hei
h3ll0

tulkki
7r4n5l470r

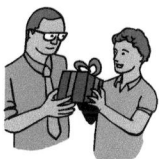

kiitos
7h4nk y0u

Paljonko...maksaa?

h0w much 15

en ymmärrä

1 d0 n07 und3r574nd

ongelma

pr0bl3m

Hyvää iltaa!

600d 3v3n1n6!

Hyvää huomenta!

600d m0rn1n6!

Hyvää yötä!

600d n16h7!

näkemiin

600dby3

suunta

d1r3c710n

matkatavarat

lu66463

laukku

b46

reppu

b4ckp4ck

vieras

6u357

huone

r00m

makuupussi

5l33p1n6 b46

teltta

73n7

turisti-info

70ur157 1nf0rm4710n

ranta

b34ch

luottokortti

cr3d17 c4rd

aamupala

br34kf457

lounas

lunch

päivällinen

d1nn3r

matkalippu

71ck37

hissi

3l3v470r

postimerkki

574mp

raja

b0rd3r

tulli

cu570m5

suurlähetystö

3mb455y

viisumi

v154

passi

p455p0r7

kuljetus

7r4n5p0r7

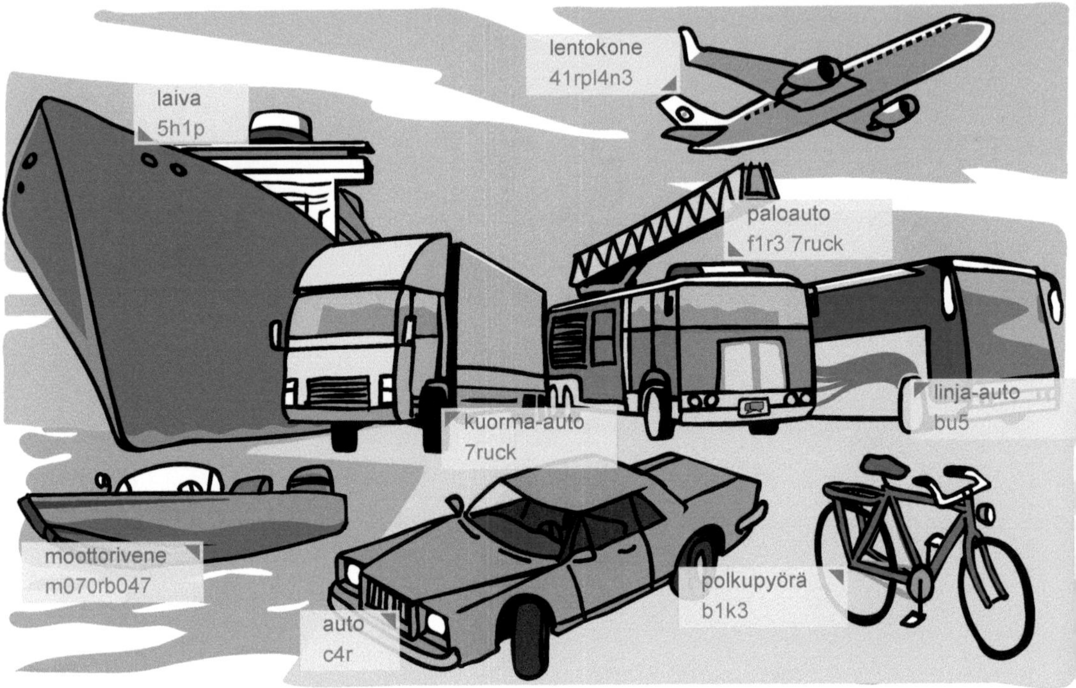

lentokone
41rpl4n3
laiva
5h1p
paloauto
f1r3 7ruck
linja-auto
bu5
kuorma-auto
7ruck
moottorivene
m070rb047
polkupyörä
b1k3
auto
c4r

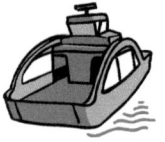

lautta

f3rry

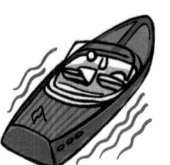

vene

b047

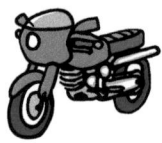

moottoripyörä

m070rb1k3

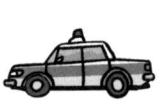

poliisiauto

p0l1c3 c4r

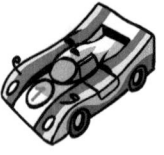

kilpa-auto

r4c1n6 c4r

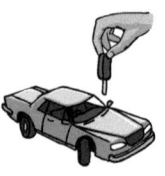

vuokra-auto

r3n74l c4r

car sharing

c4r 5h4r1n6

hinausauto

70w 7ruck

roska-auto

64rb463 7ruck

moottori

3n61n3

polttoaine

fu3l

huoltoasema

fu3l 574710n

liikennemerkki

7r4ff1c 516n

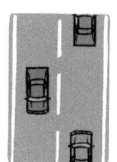

liikenne

7r4ff1c

ruuhka

7r4ff1c j4m

parkkipaikka

p4rk1n6 l07

rautatieasema

7r41n 574710n

raiteet

7r4ck5

juna

7r41n

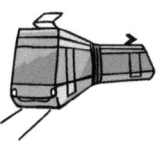

raitiovaunu

7r4m

vaunu

w460n

helikopteri

h3l1c0p73r

lentokenttä

41rp0r7

lähilennonjohto

70w3r

matkustaja

p4553n63r

kontti

c0n741n3r

pahvilaatikko

c4r70n

kärryt

c4r7

kori

b45k37

nousta / laskea

74k3 0ff / l4nd

kaupunki

c17y

kylä

v1ll463

keskusta

c17y c3n73r

talo

h0u53

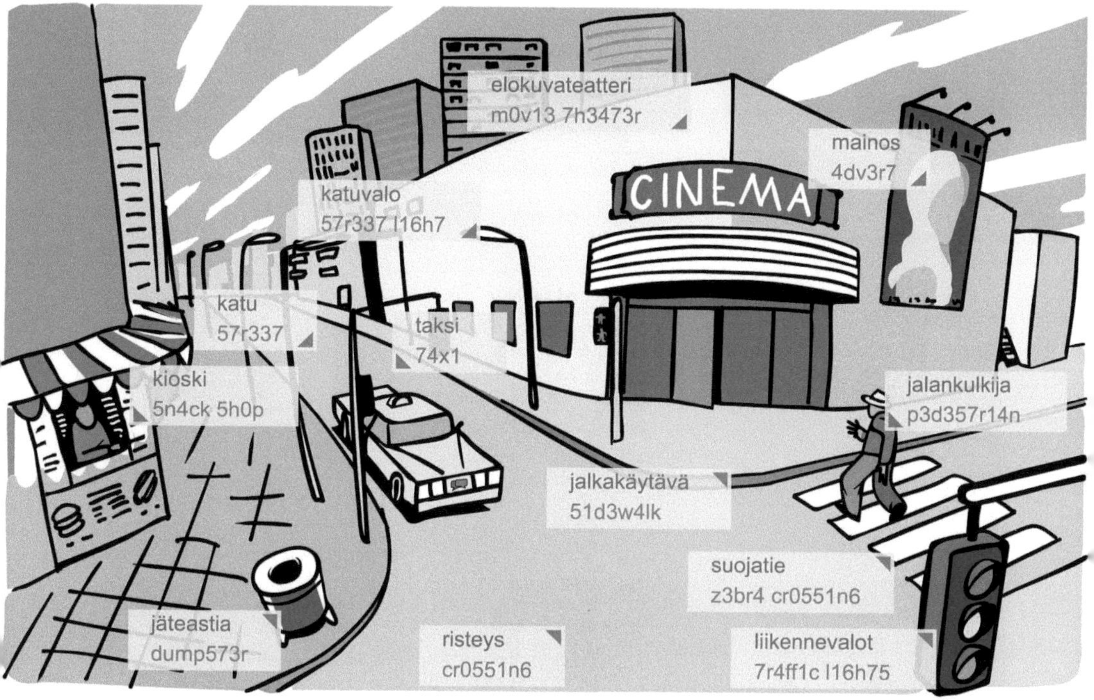

elokuvateatteri
m0v13 7h3473r
CINEMA
mainos
4dv3r7
katuvalo
57r337 l16h7
katu
57r337
taksi
74x1
kioski
5n4ck 5h0p
jalankulkija
p3d357r14n
jalkakäytävä
51d3w4lk
suojatie
z3br4 cr0551n6
jäteastia
dump573r
risteys
cr0551n6
liikennevalot
7r4ff1c l16h75

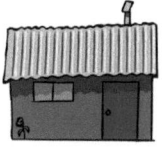

mökki

hu7

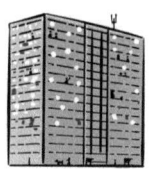

kerrostalo

4p4r7m3n7

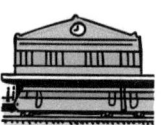

rautatieasema

7r41n 574710n

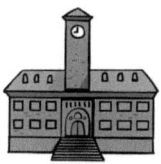

kaupungintalo

c17y h4ll

MUSEUM

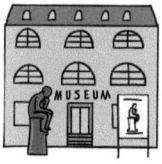

museo

mu53um

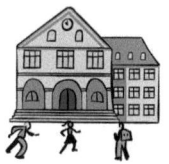

koulu

5ch00l

yliopisto

un1v3r517y

pankki

b4nk

sairaala

h05p174l

hotelli

h073l

apteekki

ph4rm4cy

toimisto

0ff1c3

kirjakauppa

b00k 5h0p

liike

5h0p

kukkakauppa

fl0w3r 5h0p

supermarketti

5up3rm4rk37

tori

m4rk37

tavaratalo

d3p4r7m3n7 570r3

kalakauppias

f15hm0n63r'5 5h0p

ostoskeskus

m4ll

satama

h4rb0r

puisto

p4rk

penkki

b3nch

silta

br1d63

portaat

5741r5

metro

5ubw4y

tunneli

7unn3l

linja-autopysäkki

bu5 570p

baari

b4r

ravintola

r3574ur4n7

postilaatikko

p057b0x

katukyltti

57r337 516n

parkkimittari

p4rk1n6 m373r

eläintarha

z00

uimala

5w1mm1n6 p00l

moskeija

m05qu3

maatila

f4rm

ympäristön saastuminen

p0llu710n

hautausmaa

c3m373ry

kirkko

church

leikkikenttä

pl4y6r0und

temppeli

73mpl3

maisema
l4nd5c4p3

lehti
l34f

tienviitta
516np057

tie
p47h

niitty
m34d0w

kivi
570n3

puu
7r33

retkeilijä
h1k3r

joki
r1v3r

ruoho
6r455

kukka
fl0w3r

laakso

v4ll3y

vuori

h1ll

järvi

l4k3

metsä

f0r357

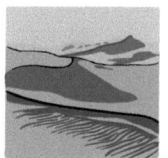

aavikko

d353r7

tulivuori

v0lc4n0

linna

c457l3

sateenkaari

r41nb0w

sieni

mu5hr00m

palmu

p4lm 7r33

hyttynen

m05qu170

kärpänen

fly

muurahainen

4n7

mehiläinen

b33

hämähäkki

5p1d3r

kovakuoriainen

b337l3

sammakko

fr06

orava

5qu1rr3l

siili

h3d63h06

jänis

h4r3

pöllö

0wl

lintu

b1rd

joutsen

5w4n

villisika

b04r

peura

d33r

hirvi

m0053

pato

d4m

tuulimylly

w1nd 7urb1n3

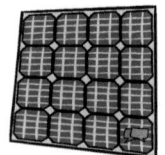

aurinkopaneeli

50l4r p4n3l

ilmasto

cl1m473

ravintola
r3574ur4n7

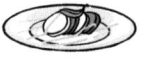

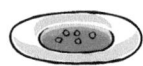

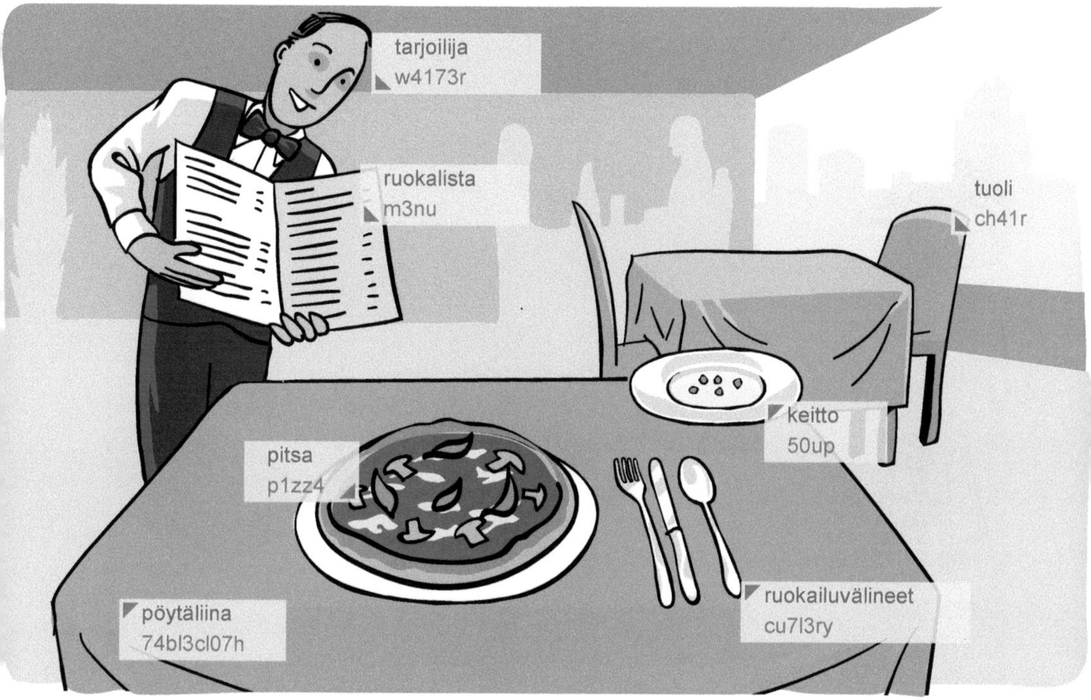

tarjoilija
w4173r
ruokalista
m3nu
tuoli
ch41r
keitto
50up
pitsa
p1zz4
pöytäliina
74bl3cl07h
ruokailuvälineet
cu7l3ry

alkuruoka

574r73r

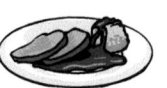

pääruoka

m41n c0ur53

jälkiruoka

d3553r7

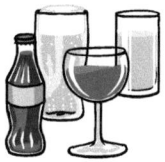

juomat

dr1nk5

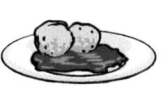

ruoka

f00d

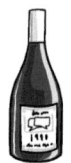

pullo

b077l3

pikaruoka

f457 f00d

katuruoka

57r337 f00d

teekannu

734p07

sokeriastia

5u64r b0wl

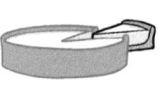

annos

p0r710n

espressokeitin

35pr3550 m4ch1n3

syöttötuoli

h16h ch41r

lasku

b1ll

tarjotin

7r4y

veitsi

kn1f3

haarukka

f0rk

lusikka

5p00n

teelusikka

7345p00n

servietti

53rv13773

lasi

6l455

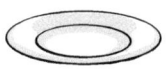

lautanen

pl473

syvä lautanen

50up pl473

aluslautanen

54uc3r

kastike

54uc3

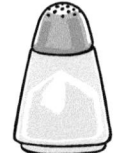

suolasirotin

54l7 5h4k3r

pippurimylly

p3pp3r m1ll

etikka

v1n364r

öljy

01l

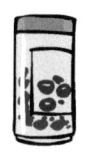

mausteet

5p1c35

ketsuppi

k37chup

sinappi

mu574rd

majoneesi

m4y0nn4153

supermarketti

5up3rm4rk37

tarjous
5p3c14l 0ff3r
FOR
asiakas
cu570m3r
maitotuotteet
d41ry pr0duc75
hedelmät
fru17
ostoskärryt
5h0pp1n6 c4r7

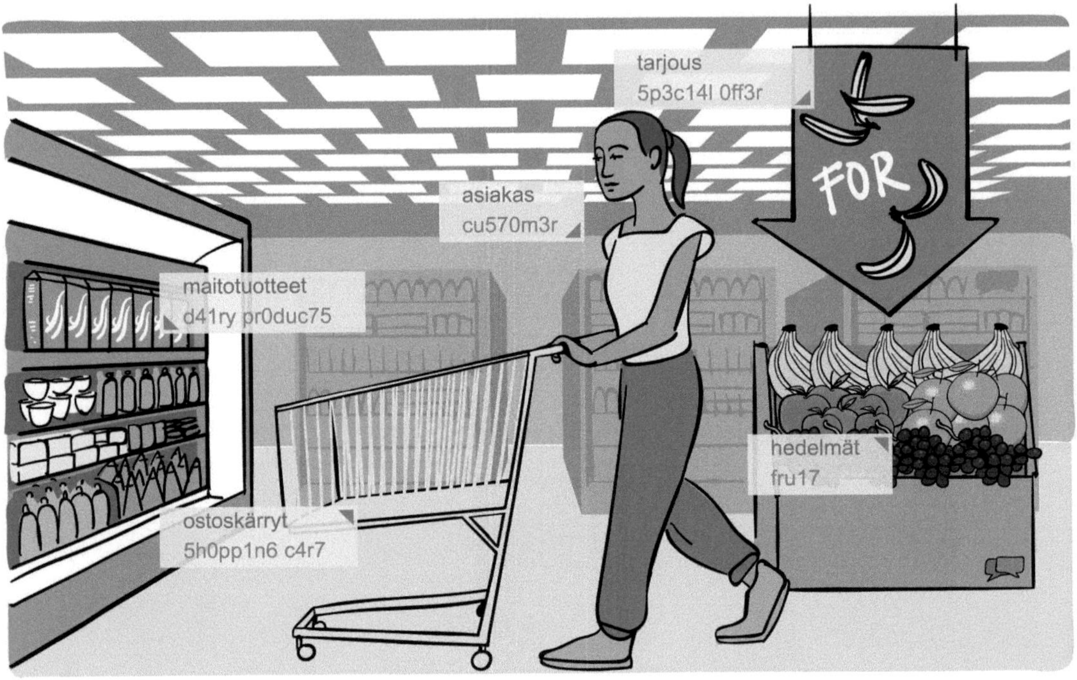

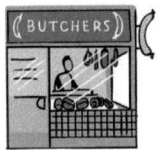

BUTCHERS
teurastamo

bu7ch3r'5 5h0p

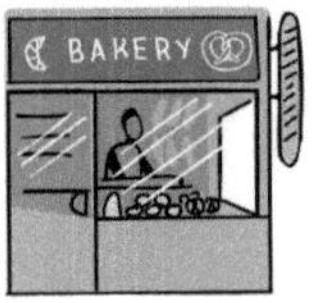

BAKERY
leipomo

b4k3ry

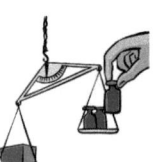

punnita

w316h

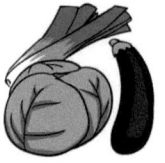

kasvikset

v36374bl35

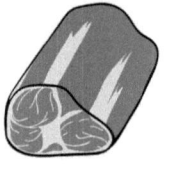

liha

m347

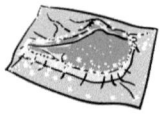

pakasteet

fr0z3n f00d

leikkele

c0ld cu75

säilykkeet

c4nn3d f00d

pesujauhe

d373r63n7

makeiset

c4ndy

kotitaloustarvikkeet

h0u53h0ld pr0duc75

puhdistusaineet

cl34n1n6 pr0duc75

myyjä

54l35 r3pr353n7471v3

kassa

c45h r361573r

kassanhoitaja

c45h13r

ostoslista

5h0pp1n6 l157

aukioloajat

0p3n1n6 h0ur5

lompakko

w4ll37

luottokortti

cr3d17 c4rd

kassi

b46

muovipussi

pl4571c b46

vesi

w473r

mehu

ju1c3

maito

m1lk

kokis

c0k3

viini

w1n3

olut

b33r

alkoholi

4lc0h0l

kaakao

c0c04

tee

734

kahvi

c0ff33

espresso

35pr3550

cappuccino

c4ppucc1n0

banaani

b4n4n4

omena

4ppl3

appelsiini

0r4n63

meloni

m3l0n

sitruuna

l3m0n

porkkana

c4rr07

valkosipuli

64rl1c

bambu

b4mb00

sipuli

0n10n

sieni

mu5hr00m

pähkinät

nu75

spagetti

n00dl35

spagetti

5p46h3771

riisi

r1c3

salaatti

54l4d

ranskalaiset

fr135

paistetut perunat

fr13d p0747035

pitsa

p1zz4

hampurilainen

h4mbur63r

voileipä

54ndw1ch

leike

35c4l0p3

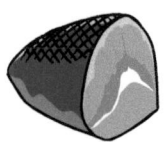

kinkku

h4m

salami

54l4m1

makkara

54u5463

kana

ch1ck3n

paisti

r0457

kala

f15h

kaurahiutaleet	mysli	murot
p0rr1d63 0475	mu35l1	c0rnfl4k35

jauho	voisarvi	sämpylä
fl0ur	cr01554n7	br34d r0ll

leipä	paahtoleipä	keksit
br34d	70457	c00k135

voi	rahka	kakku
bu773r	curd	c4k3
		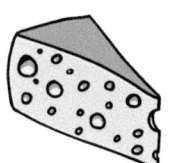
kananmuna	paistettu kananmuna	juusto
366	fr13d 366	ch3353

jäätelö

1c3 cr34m

sokeri

5u64r

hunaja

h0n3y

hillo

j3lly

suklaapähkinälevite

n0u647 cr34m

curry

curry

maatila
f4rm

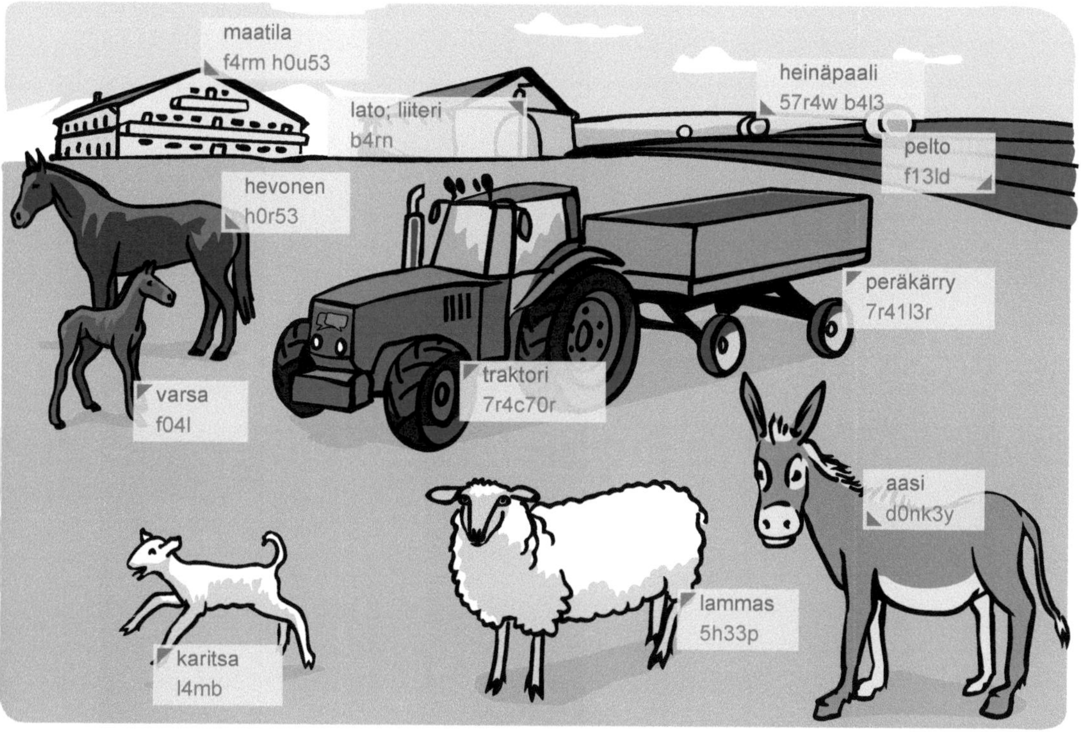
maatila
f4rm h0u53
lato; liiteri
b4rn
heinäpaali
57r4w b4l3
pelto
f13ld
hevonen
h0r53
peräkärry
7r41l3r
traktori
7r4c70r
varsa
f04l
aasi
d0nk3y
lammas
5h33p
karitsa
l4mb

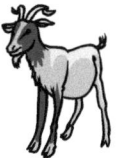

vuohi

6047

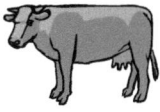

lehmä

c0w

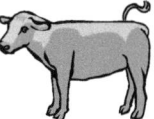

vasikka

c4lf

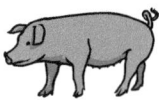

sika

p16

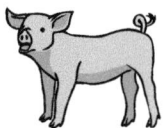

porsas

p16l37

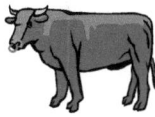

sonni

bull

hanhi

60053

ankka

duck

tipu

ch1ck

kana

h3n

kukko

c0ck3r3l

rotta

r47

kissa

c47

hiiri

m0u53

härkä

0x

koira

d06

koirankoppi

d06 h0u53

puutarhaletku

64rd3n h053

kastelukannu

w473r1n6 c4n

viikate

5cy7h3

aura

pl0u6h

maatila - f4rm

sirppi

51ckl3

kuokka

h03

talikko

p17chf0rk

kirves

4x3

kottikärryt

pu5hc4r7

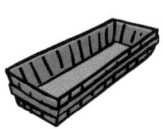

kaukalo

7r0u6h

maitokannu

m1lk c4n

säkki

54ck

aita

f3nc3

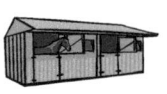

talli

574bl3

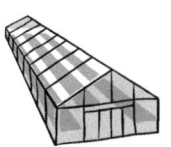

kasvihuone

6r33nh0u53

maa

501l

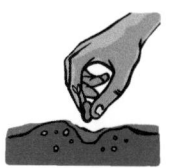

siemen

533d

lannoite

f3r71l1z3r

leikkuupuimuri

c0mb1n3 h4rv3573r

kerätä sato

h4rv357

sato

h4rv357

jamssit

y4m5

vehnä

wh347

soija

50y4

peruna

p07470

maissi

c0rn

rypsi

r4p3533d

hedelmäpuu

fru17 7r33

maniokki

m4n10c

vilja

6r41n

talo
h0u53

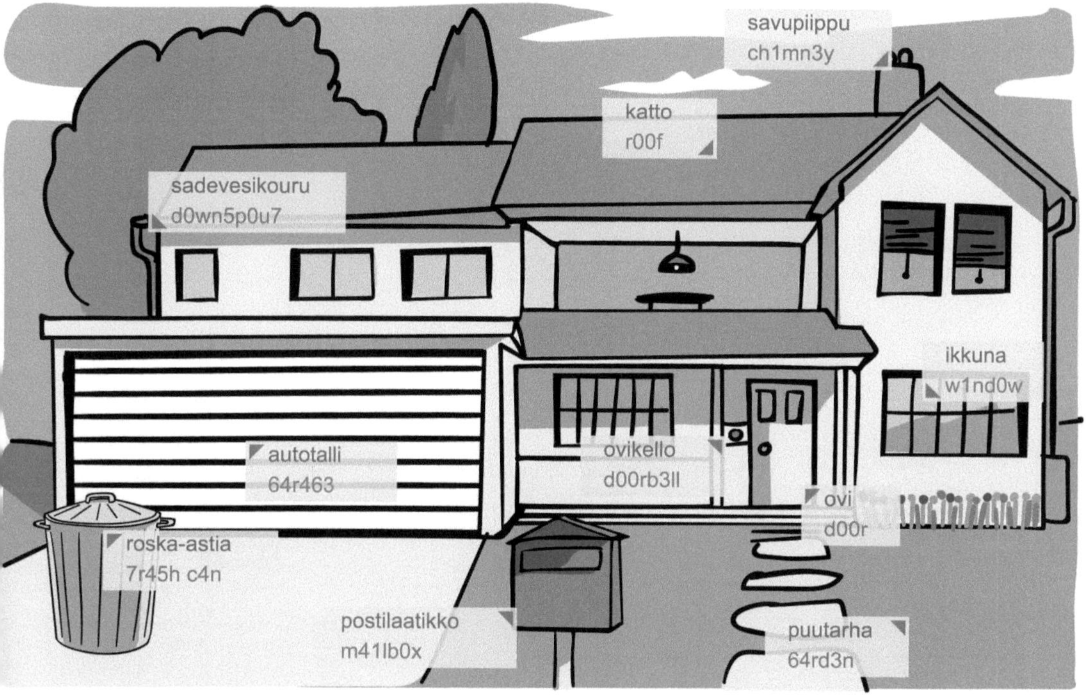
savupiippu
ch1mn3y
katto
r00f
sadevesikouru
d0wn5p0u7
ikkuna
w1nd0w
autotalli
64r463
ovikello
d00rb3ll
ovi
d00r
roska-astia
7r45h c4n
postilaatikko
m41lb0x
puutarha
64rd3n

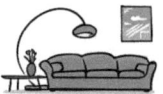

olohuone

l1v1n6 r00m

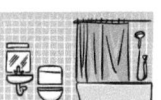

kylpyhuone

b47hr00m

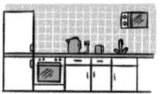

keittiö

k17ch3n

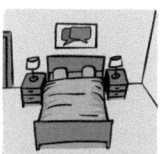

makuuhuone

b3dr00m

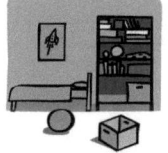

lastenhuone

ch1ld'5 r00m

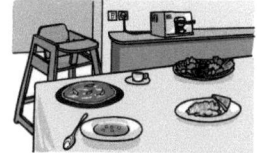

ruokahuone

d1n1n6 r00m

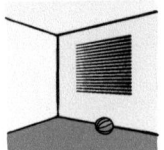

lattia

floor

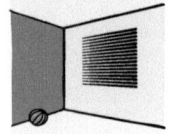

seinä

w4ll

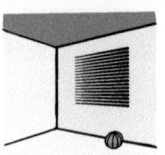

katto

c31l1n6

kellari

c3ll4r

sauna

54un4

parveke

b4lc0ny

terassi

73rr4c3

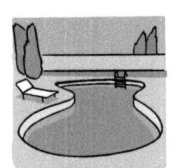

uima-allas

p00l

ruohonleikkuri

l4wn m0w3r

lakana

5h337

päiväpeitto

b3d5pr34d

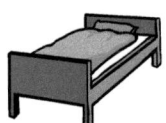

sänky

b3d

harja

br00m

ämpäri

buck37

katkaisin

5w17ch

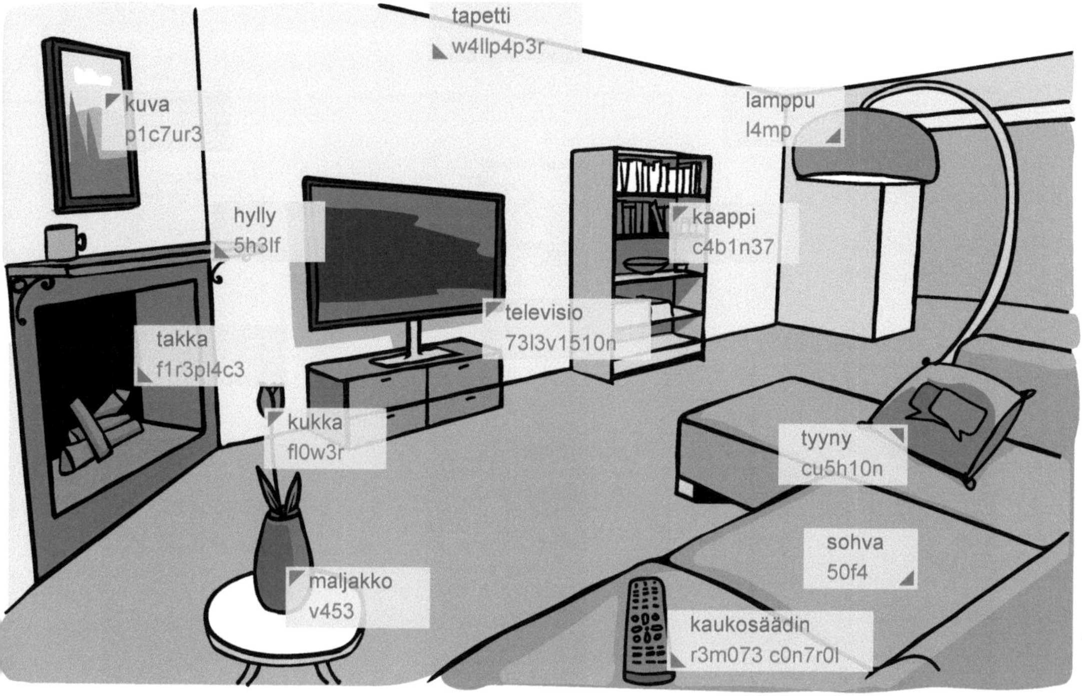

tapetti
w4llp4p3r

kuva
p1c7ur3

lamppu
l4mp

hylly
5h3lf

kaappi
c4b1n37

takka
f1r3pl4c3

televisio
73l3v1510n

kukka
fl0w3r

tyyny
cu5h10n

sohva
50f4

maljakko
v453

kaukosäädin
r3m073 c0n7r0l

matto
c4rp37

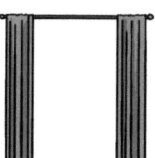

verho
dr4p3

pöytä
74bl3

tuoli
ch41r

keinutuoli
r0ck1n6 ch41r

nojatuoli
4rmch41r

kirja

b00k

peitto

bl4nk37

koriste

d3c0r4710n

polttopuut

f1r3w00d

elokuva

f1lm

stereot

573r30 5y573m

avain

k3y

sanomalehti

n3w5p4p3r

maalaus

p41n71n6

juliste

p0573r

radio

r4d10

muistivihko

n073b00k

pölynimuri

v4cuum cl34n3r

kaktus

c4c7u5

kynttilä

c4ndl3

keittiö
k17ch3n

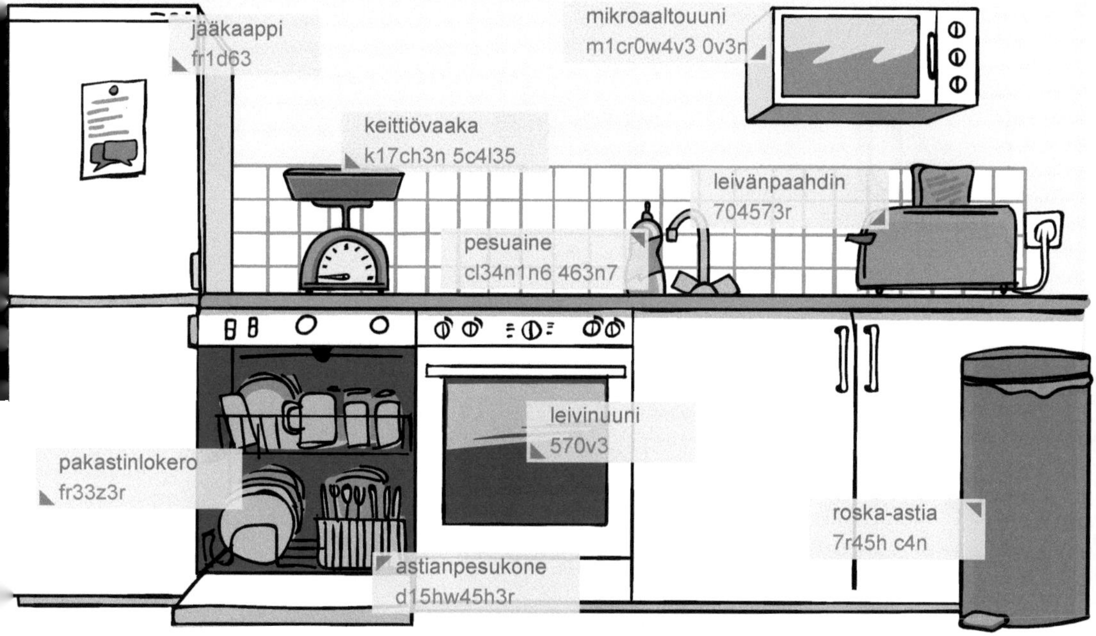
jääkaappi
fr1d63
mikroaaltouuni
m1cr0w4v3 0v3n
keittiövaaka
k17ch3n 5c4l35
leivänpaahdin
704573r
pesuaine
cl34n1n6 463n7
leivinuuni
570v3
pakastinlokero
fr33z3r
roska-astia
7r45h c4n
astianpesukone
d15hw45h3r

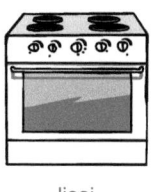

liesi

c00k3r

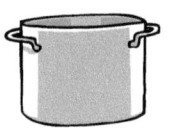

kattila

p07

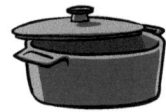

rautapata

c457-1r0n p07

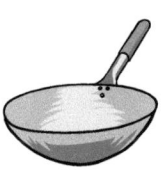

vokkipannu / kadai-pannu

w0k / k4d41

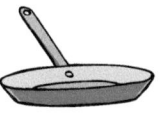

paistinpannu

p4n

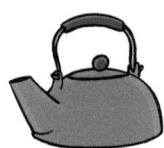

teepannu

k377l3

höyrykeitin

5734m3r

uunipelti

b4k1n6 7r4y

astiat

cr0ck3ry

muki

mu6

kulho

b0wl

syömäpuikot

ch0p571ck5

kauha

l4dl3

paistinlasta

5p47ul4

vispilä

wh15k

siivilä

57r41n3r

siivilä

513v3

raastin

6r473r

mortteli

m0r74r

grilli

b4rb3cu3

avotuli

f1r3pl4c3

leikkuulauta

ch0pp1n6 b04rd

kaulin

r0ll1n6 p1n

korkinavaaja

c0rk5cr3w

purkki

c4n

purkinavaaja

c4n 0p3n3r

pannulappu

0v3n cl07h

lavuaari

51nk

tiskiharja

bru5h

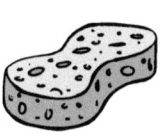

pesusieni

5p0n63

tehosekoitin

bl3nd3r

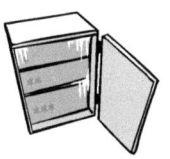

pakastin

d33p fr33z3r

tuttipullo

b4by b077l3

vesihana

74p

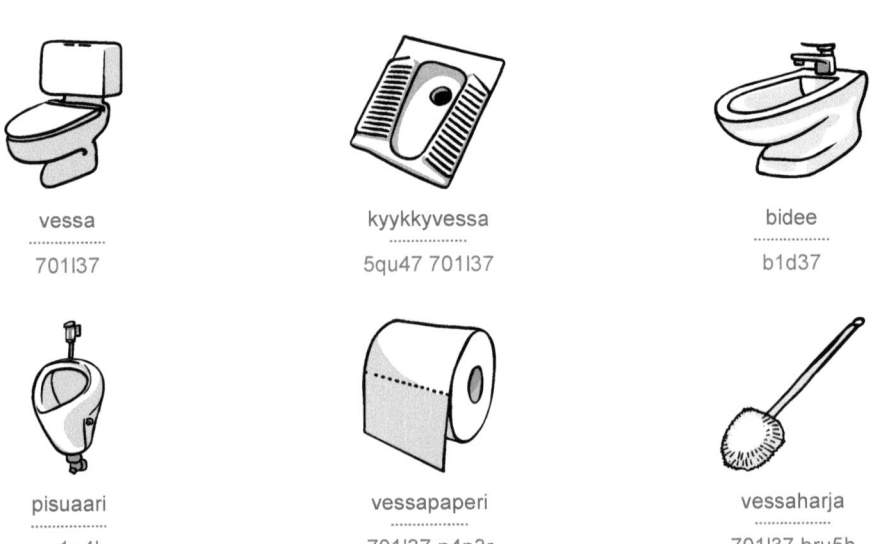

kylpyhuone
b47hr00m

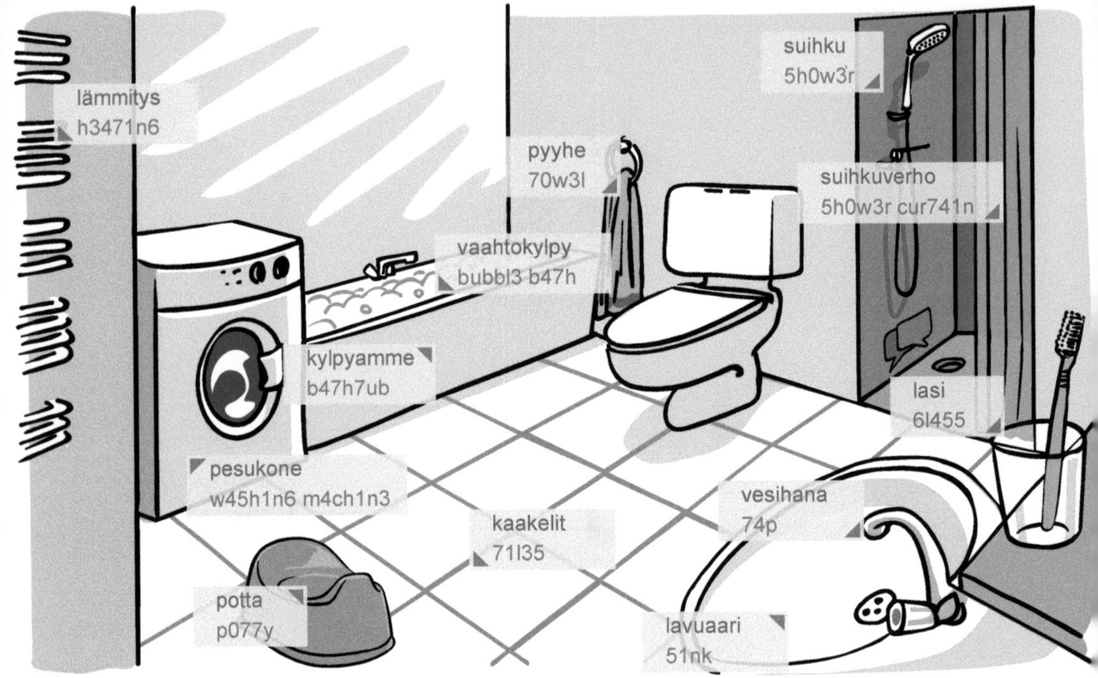
suihku
5h0w3r
lämmitys
h3471n6
pyyhe
70w3l
suihkuverho
5h0w3r cur741n
vaahtokylpy
bubbl3 b47h
kylpyamme
b47h7ub
lasi
6l455
pesukone
w45h1n6 m4ch1n3
vesihana
74p
kaakelit
71l35
potta
p077y
lavuaari
51nk

vessa

701l37

kyykkyvessa

5qu47 701l37

bidee

b1d37

pisuaari

ur1n4l

vessapaperi

701l37 p4p3r

vessaharja

701l37 bru5h

hammasharja

7007hbru5h

hammastahna

7007hp4573

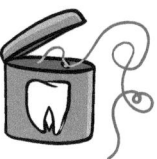

hammaslanka

d3n74l fl055

pestä

w45h

käsisuihku

h4nd 5h0w3r

intiimisuihku

d0uch3

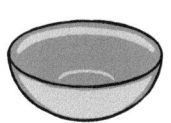

pesuvati

b451n

selkäharja

b4ck bru5h

saippua

504p

suihkugeeli

5h0w3r 63l

shampoo

5h4mp00

pesulappu

fl4nn3l

viemäri

dr41n

voide

cr3m3

deodorantti

d30d0r4n7

peili

m1rr0r

käsipeili

h4nd m1rr0r

partaveitsi

r4z0r

partavaahto

5h4v1n6 f04m

partavesi

4f73r5h4v3

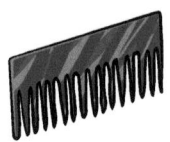

kampa

c0mb

harja

bru5h

hiustenkuivaaja

h41r-dry3r

hiuslakka

h41r5pr4y

meikki

m4k3up

huulipuna

l1p571ck

kynsilakka

n41l v4rn15h

pumpuli

c0770n w00l

kynsisakset

n41l 5c1550r5

hajuvesi

p3rfum3

kosmetiikkalaukku

w45hb46

jakkara

5700l

vaaka

w316h1n6 5c4l35

kylpytakki

b47hr0b3

kumihansikkaat

rubb3r 6l0v35

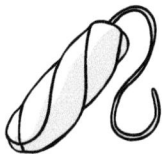

tamponi

74mp0n

terveysside

54n174ry 70w3l

kemiallinen wc

ch3m1c4l 701l37

lastenhuone

ch1ld'5 r00m

herätyskello
4l4rm cl0ck
pehmolelu
cuddly 70y
leikkiauto
70y c4r
helistin
r477l3
nukkekoti
d0ll'5 h0u53
lahja
pr353n7

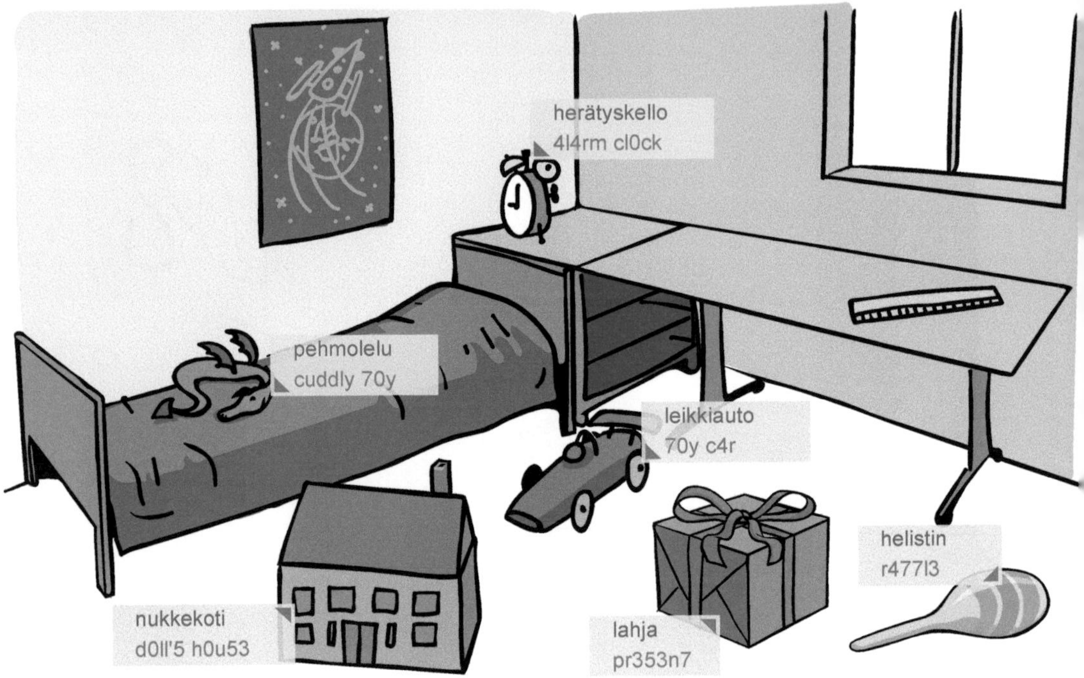

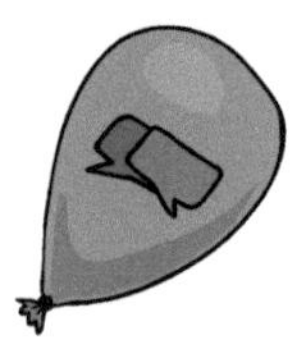

ilmapallo

b4ll00n

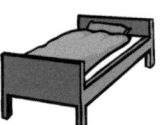

sänky

b3d

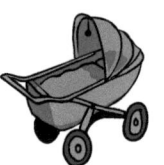

lastenvaunut

57r0ll3r

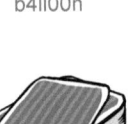

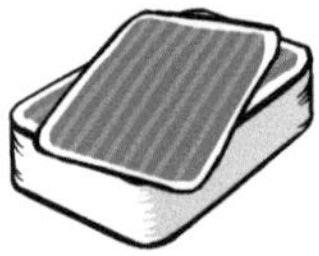

korttipeli

d3ck 0f c4rd5

palapeli

j1654w

SUPER
MEGA

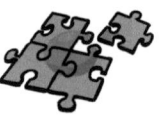

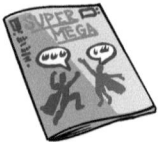

sarjakuva

c0m1c

legopalikat

l360 br1ck5

rakennuspalikat

70y bl0ck5

supersankari

4c710n f16ur3

potkupuku

r0mp3r 5u17

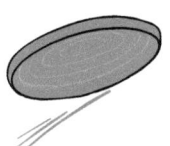

frisbee

fr15b33

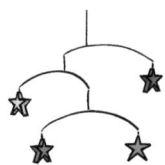

mobile

m0b1l3

lautapeli

b04rd 64m3

noppa

d1c3

pienoisjunarata

m0d3l 7r41n 537

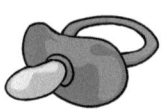

tutti

dummy

juhlat

p4r7y

kuvakirja

p1c7ur3 b00k

pallo

b4ll

nukke

d0ll

leikkiä

pl4y

hiekkalaatikko

54ndp17

keinu

5w1n6

lelut

70y

pelikonsoli

v1d30 64m3 c0n50l3

kolmipyörä

7r1cycl3

nalle

73ddy b34r

vaatekaappi

w4rdr0b3

vaatteet
cl07h1n6

sukat

50ck5

nylonsukat

570ck1n65

sukkahousut

716h75

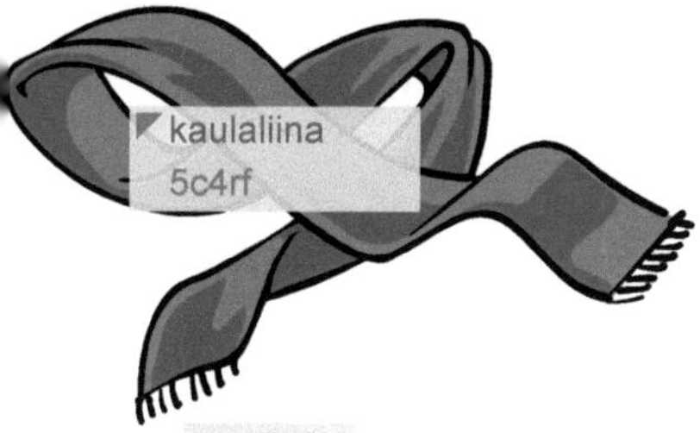

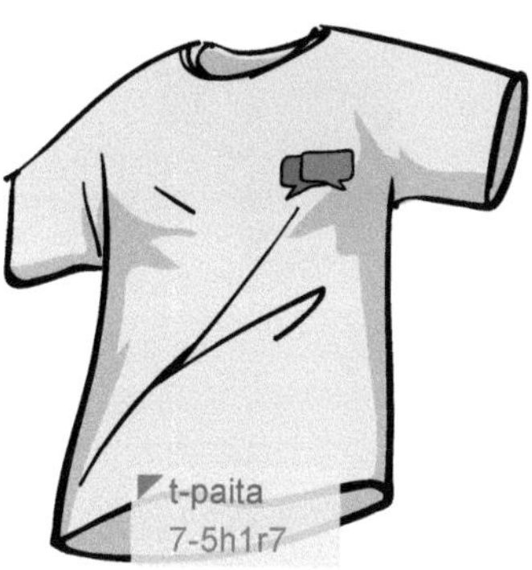

kaulaliina
5c4rf

vyö
b3l7

sateenvarjo
umbr3ll4

t-paita
7-5h1r7

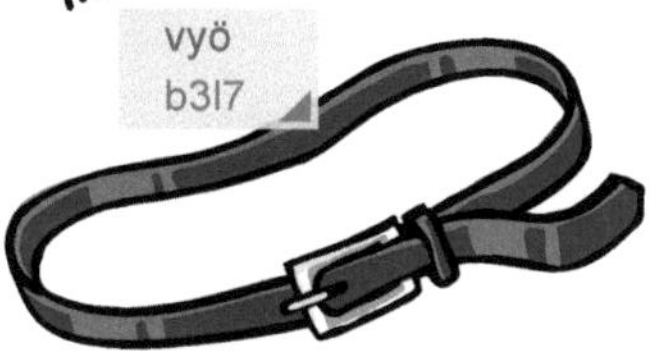

lenkkarit
5n34k3r5

saappaat
b0075

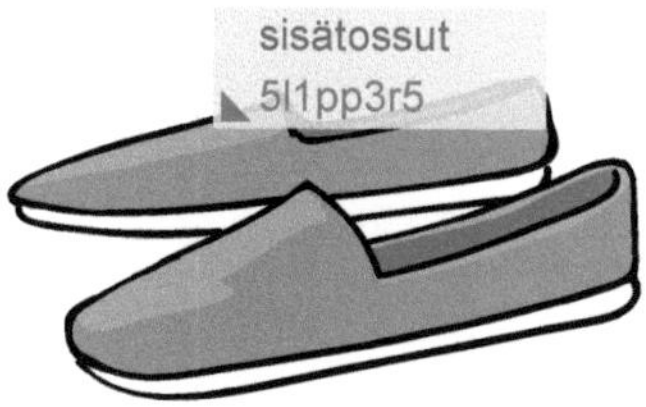

sisätossut
5l1pp3r5

sandaalit
....
54nd4l5

kengät
....
5h035

kumisaappaat
....
rubb3r b0075

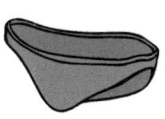

alushousut
....
br13f5

rintaliivit
....
br4

aluspaita
....
und3r5h1r7

body
....
b0dy

housut
....
p4n75

farkut
....
j34n5

hame
....
5k1r7

pusero
....
bl0u53

paita
....
5h1r7

villapaita
....
pull0v3r

collegepaita
....
5w3473r

jakku
....
bl4z3r

takki
....
j4ck37

takki
....
c047

sadetakki
....
r41nc047

puku
....
c057um3

mekko
....
dr355

hääpuku
....
w3dd1n6 dr355

puku

5u17

yöpaita

n16h760wn

pyjama

p4j4m45

shari

54r1

päähuivi

h34d5c4rf

turbaani

7urb4n

burka

burk4

kaftaani

k4f74n

abaya

4b4y4

uimapuku

5w1m5u17

uimahousut

7runk5

shortsit

5h0r75

verkkarit

7r4ck5u17

esiliina

4pr0n

käsineet

6l0v35

nappi

bu770n

silmälasit

6l45535

rannekoru

br4c3l37

kaulakoru

n3ckl4c3

sormus

r1n6

korvakoru

34rr1n6

lippalakki

c4p

ripustin

c047 h4n63r

hattu

h47

solmio

713

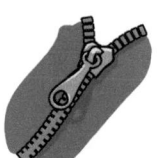

vetoketju

z1p

kypärä

h3lm37

henkselit

br4c35

koulupuku

5ch00l un1f0rm

univormu

un1f0rm

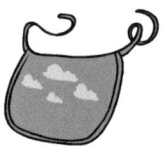

ruokalappu

b1b

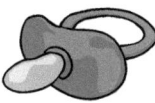

tutti

dummy

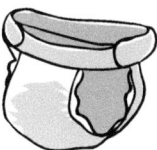

vaippa

d14p3r

toimisto
0ff1c3

palvelin
53rv3r
asiakirjakaappi
f1l1n6 c4b1n37
tulostin
pr1n73r
paperi
p4p3r
näyttö
m0n170r
kirjoituspöytä
d35k
hiiri
m0u53
kansio
f0ld3r
näppäimistö
k3yb04rd
roskakori
w4573-p4p3r b45k37
tietokone
c0mpu73r
tuoli
ch41r

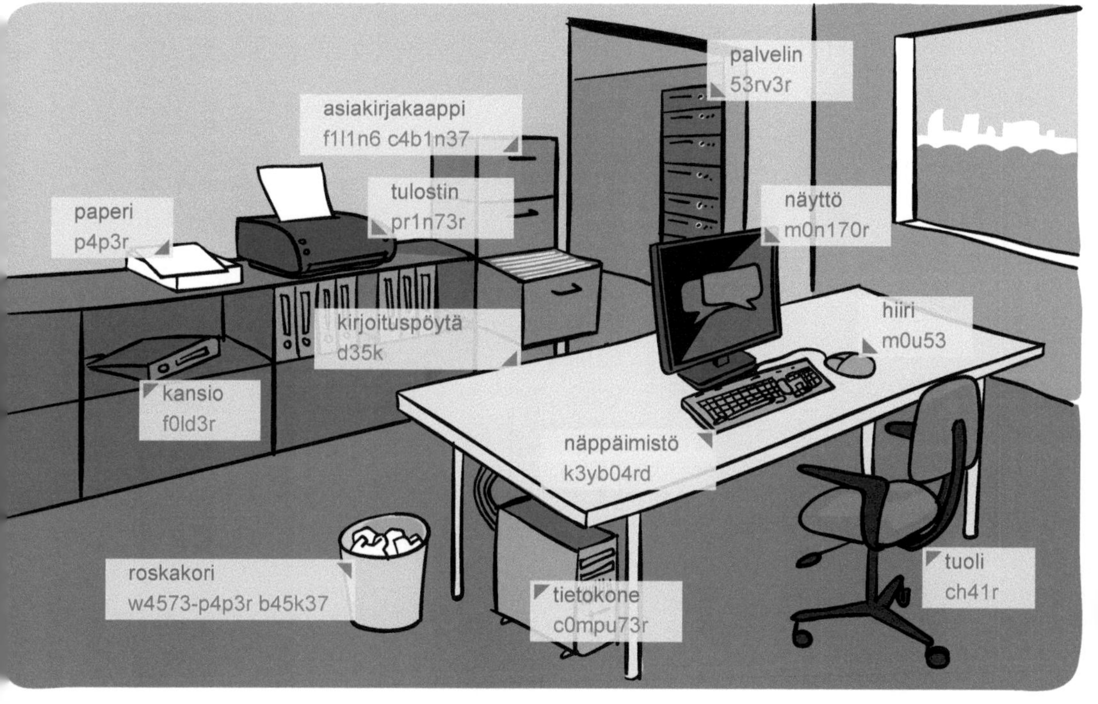

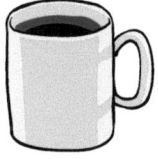

kahvimuki

c0ff33 mu6

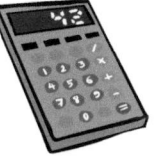

taskulaskin

c4lcul470r

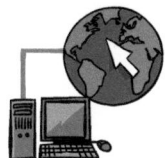

internet

1n73rn37

kannettava tietokone

l4p70p

kirje

l3773r

viesti

m355463

kännykkä

c3ll ph0n3

verkko

n37w0rk

kopiokone

ph070c0p13r

ohjelmisto

50f7w4r3

puhelin

73l3ph0n3

pistorasia

plu6 50ck37

faksi

f4x m4ch1n3

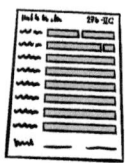

lomake

f0rm

asiakirja

d0cum3n7

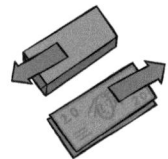

ostaa
....
buy

maksaa
....
p4y

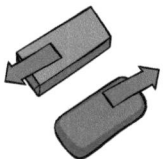

vaihtaa
....
7r4d3

raha
....
m0n3y

 USD

dollari
....
d0ll4r

 EUR

euro
....
3ur0

 JPY

jeni
....
y3n

 RUB

rupla
....
r0ubl3

 CHF

frangi
....
5w155 fr4nc

 CNY

renminbi juan
....
r3nm1nb1 yu4n

 INR

rupia
....
rup33

pankkiautomaatti
....
c45h p01n7

rahanvaihto

curr3ncy 3xch4n63 0ff1c3

kulta

60ld

hopea

51lv3r

öljy

01l

energia

3n3r6y

hinta

pr1c3

sopimus

c0n7r4c7

vero

74x

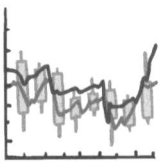

osake

570ck

työskennellä

w0rk

työntekijä

3mpl0y33

työnantaja

3mpl0y3r

tehdas

f4c70ry

liike

5h0p

talous - 3c0n0my

ammatit
0ccup4710n5

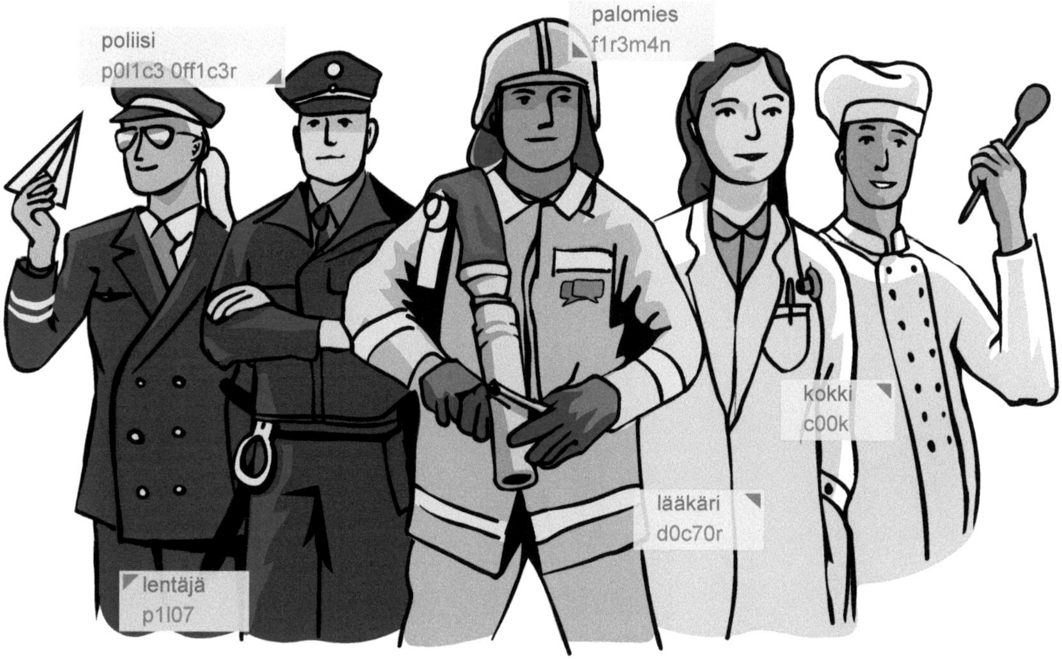

poliisi
p0l1c3 0ff1c3r
palomies
f1r3m4n
kokki
c00k
lääkäri
d0c70r
lentäjä
p1l07

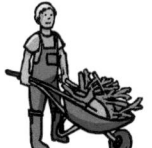

puutarhuri
64rd3n3r

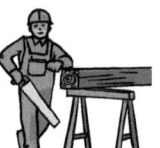

puuseppä
c4rp3n73r

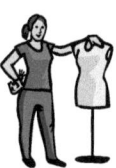

ompelija
534m57r355

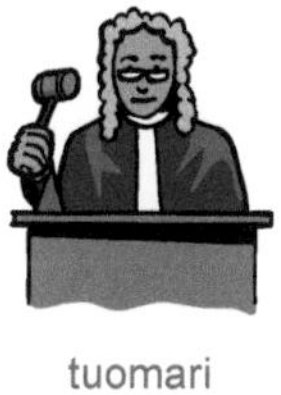

tuomari
jud63

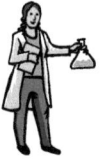

kemisti
ch3m157

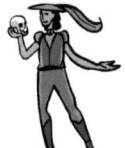

näyttelijä
4c70r

linja-autonkuljettaja

bu5 dr1v3r

taksinkuljettaja

74x1 dr1v3r

kalastaja

f15h3rm4n

siivooja

cl34n1n6 l4dy

katontekijä

r00f3r

tarjoilija

w4173r

metsästäjä

hun73r

maalari

p41n73r

leipuri

b4k3r

sähköasentaja

3l3c7r1c14n

rakentaja

bu1ld3r

insinööri

3n61n33r

teurastaja

bu7ch3r

putkiasentaja

plumb3r

postinjakaja

p057m4n

sotilas

50ld13r

arkkitehti

4rch173c7

kassanhoitaja

c45h13r

floristi

fl0r157

kampaaja

h41rdr3553r

konduktööri

c0nduc70r

mekaanikko

m3ch4n1c

kapteeni

c4p741n

hammaslääkäri

d3n7157

tiedemies

5c13n7157

rabbi

r4bb1

imaami

1m4m

munkki

m0nk

pappi

p4570r

työkalut
700l5

vasara
h4mm3r
pihdit
pl13r5
ruuvimeisseli
5cr3wdr1v3r
taskulamppu
70rch
jakoavain
wr3nch

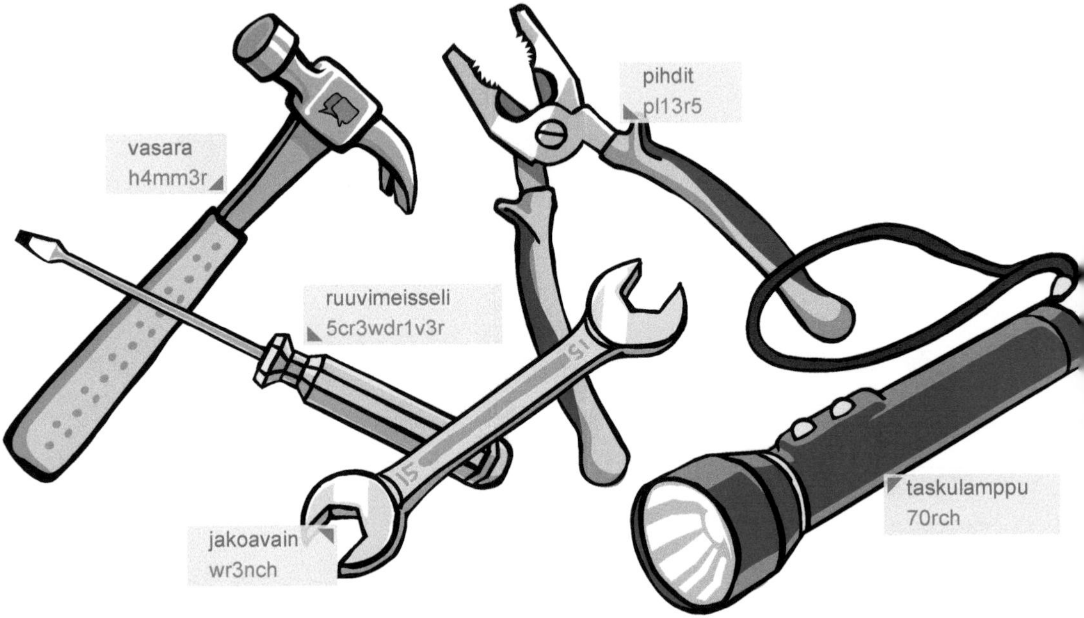

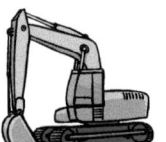

kaivinkone

3xc4v470r

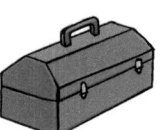

työkalupakki

700lb0x

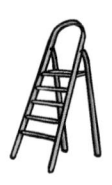

tikkaat

l4dd3r

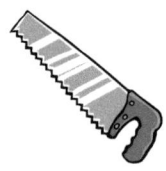

saha

54w

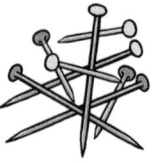

naulat

n41l5

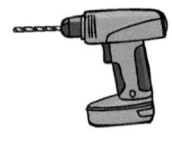

pora

dr1ll

korjata	lapio	Hitto!
r3p41r	5h0v3l	d4mn!

rikkalapio	maalipurkki	ruuvit
du57p4n	p41n7 c4n	5cr3w5

soittimet
mu51c4l 1n57rum3n75

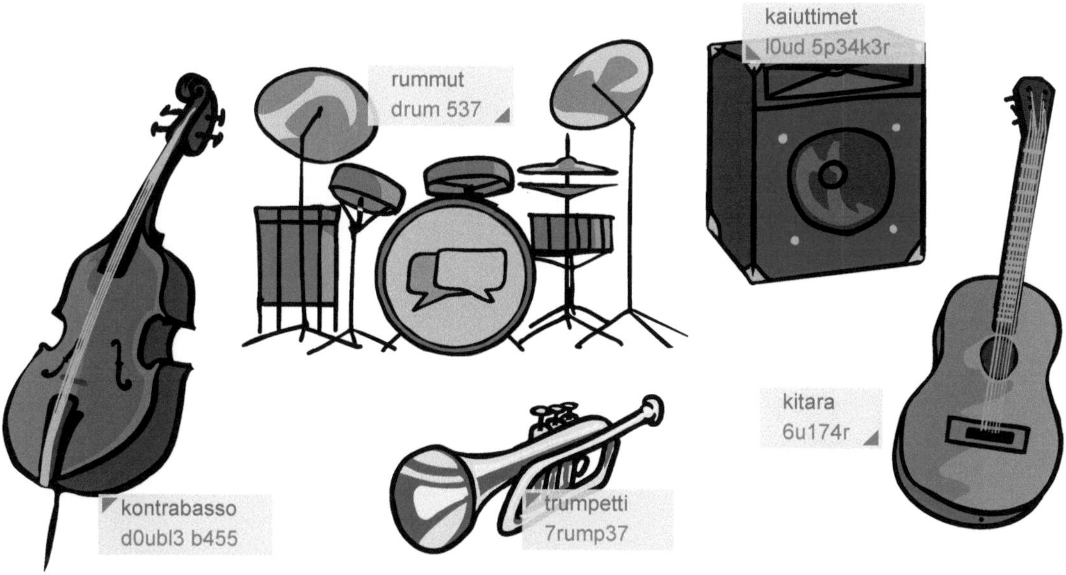

kaiuttimet
l0ud 5p34k3r

rummut
drum 537

kitara
6u174r

kontrabasso
d0ubl3 b455

trumpetti
7rump37

piano

p14n0

viulu

v10l1n

basso

b455

patarummut

71mp4n1

rumpu

drum5

kosketinsoitin

k3yb04rd

saksofoni

54x0ph0n3

huilu

flu73

mikrofoni

m1cr0ph0n3

eläintarha

z00

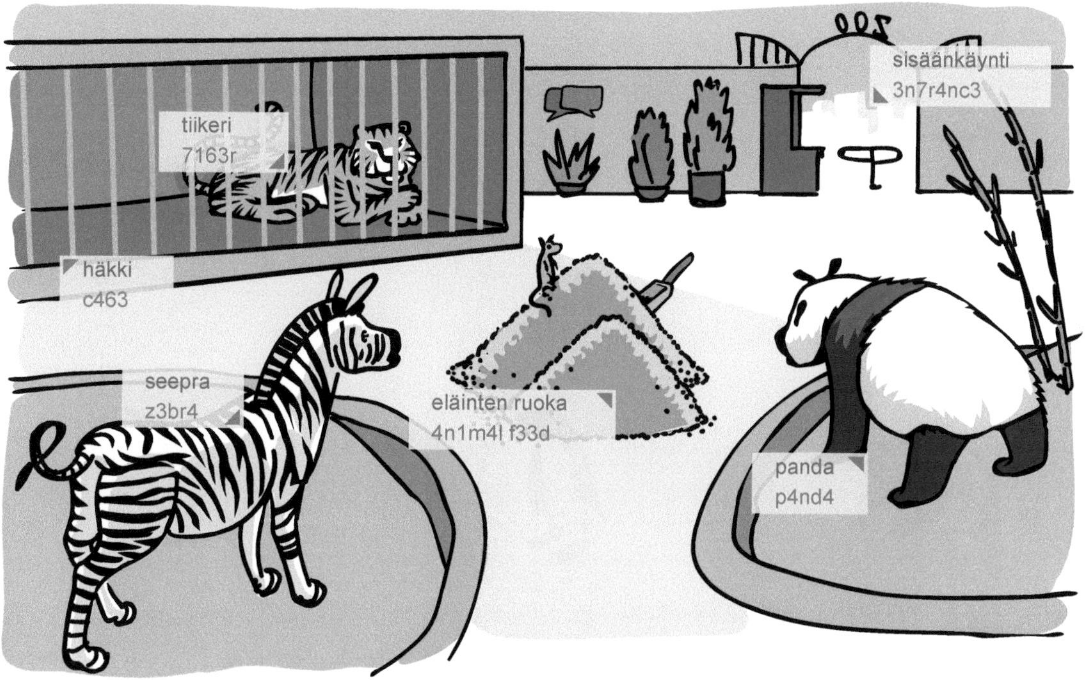

tiikeri
7163r
sisäänkäynti
3n7r4nc3
häkki
c463
seepra
z3br4
eläinten ruoka
4n1m4l f33d
panda
p4nd4

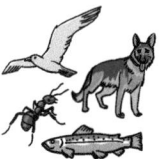

eläimet

4n1m4l5

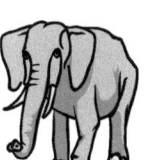

norsu

3l3ph4n7

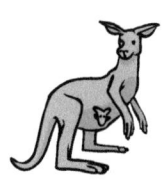

kenguru

k4n64r00

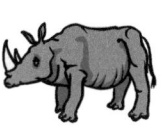

sarvikuono

rh1n0

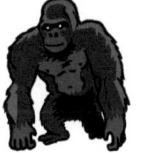

gorilla

60r1ll4

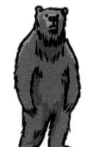

karhu

b34r

kameli

c4m3l

strutsi

057r1ch

leijona

l10n

apina

m0nk3y

flamingo

fl4m1n60

papukaija

p4rr07

jääkarhu

p0l4r b34r

pingviini

p3n6u1n

hai

5h4rk

riikinkukko

p34c0ck

käärme

5n4k3

krokotiili

cr0c0d1l3

eläintarhanhoitaja

z00k33p3r

hylje

534l

jaguaari

j46u4r

poni

p0ny

leopardi

l30p4rd

virtahepo

h1pp0

kirahvi

61r4ff3

kotka

346l3

villisika

b04r

kala

f15h

kilpikonna

7ur7l3

mursu

w4lru5

kettu

f0x

gaselli

64z3ll3

amerikkalainen jalkapallo
4m3r1c4n f007b4ll

pyöräily
cycl1n6

tennis
73nn15

koripallo
b45k37b4ll

uinti
5w1mm1n6

nyrkkeily
b0x1n6

jääkiekko
1c3 h0ck3y

jalkapallo
50cc3r

sulkapallo
b4dm1n70n

yleisurheilu
47hl371c5

käsipallo
h4ndb4ll

hiihto
5k11n6

poolo
p0l0

kirjoittaa	piirtää	näyttää
wr173	dr4w	5h0w
painaa	antaa	ottaa
pu5h	61v3	74k3

omistaa

h4v3

tehdä

d0

olla

b3

seisoa

574nd

juosta

run

vetää

pull

heittää

7hr0w

kaatua

f4ll

maata

l13

odottaa

w417

kantaa

c4rry

istua

517

pukeutua

637 dr3553d

nukkua

5l33p

herätä

w4k3 up

katsoa

l00k 47

itkeä

cry

silittää

57r0k3

kammata

c0mb

puhua

74lk

ymmärtää

und3r574nd

kysyä

45k

kuunnella

l1573n

juoda

dr1nk

syödä

347

siivota

71dy up

rakastaa

l0v3

keittää

c00k

ajaa

dr1v3

lentää

fly

purjehtia

5411

laskea

c4lcul473

lukea

r34d

oppia

l34rn

työskennellä

w0rk

mennä naimisiin

m4rry

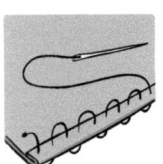

ommella

53w

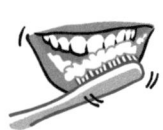

pestä hampaat

bru5h 7337h

tappaa

k1ll

tupakoida

5m0k3

lähettää

53nd

mummo
6r4ndm07h3r

ukki
6r4ndf47h3r

isä
f47h3r

äiti
m07h3r

vauva
b4by

tytär
d4u6h73r

poika
50n

vieras

6u357

täti

4un7

setä

uncl3

veli

br07h3r

sisko

51573r

vartalo

b0dy

otsa
f0r3h34d
silmä
3y3
olkapää
5h0uld3r
sormet
f1n63r
kasvot
f4c3
leuka
ch1n
käsi
h4nd
jalka
l36
rinta
br3457
käsivarsi
4rm

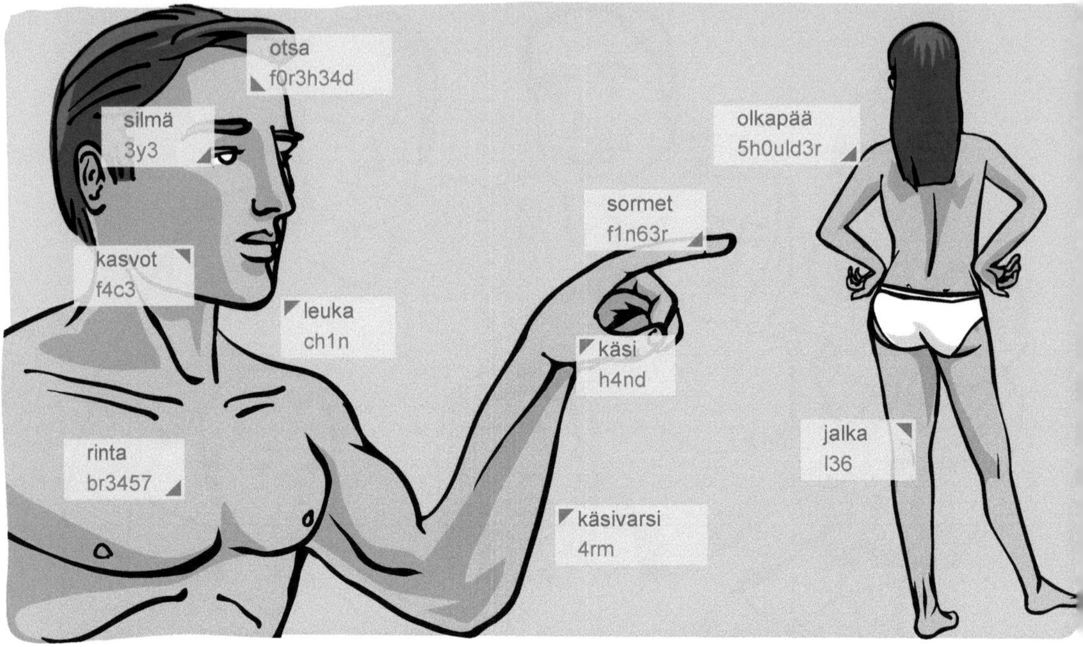

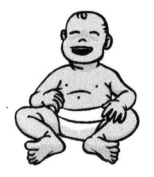

vauva

b4by

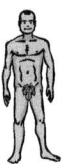

mies

m4n

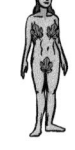

nainen

w0m4n

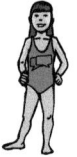

tyttö

61rl

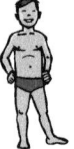

poika

b0y

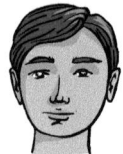

pää

h34d

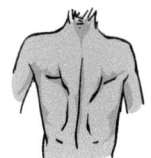

selkä

b4ck

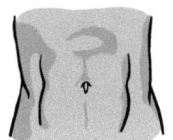

maha

b3lly

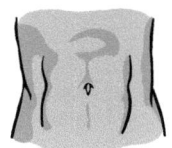

napa

n4v3l

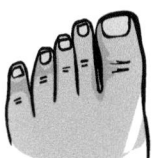

varvas

703

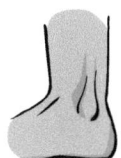

kantapää

h33l

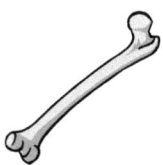

luu

b0n3

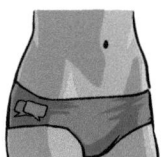

lantio

h1p

polvi

kn33

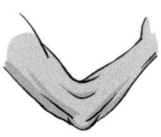

kyynärpää

3lb0w

nenä

n053

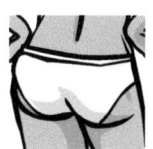

takapuoli

bu770ck5

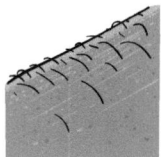

iho

5k1n

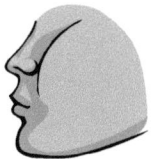

poski

ch33k

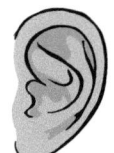

korva

34r

huuli

l1p

vartalo - b0dy

69

suu

m0u7h

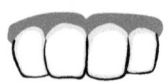

hammas

7007h

kieli

70n6u3

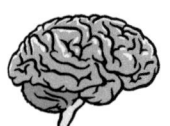

aivot

br41n

sydän

h34r7

lihas

mu5cl3

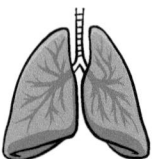

keuhkot

lun6

maksa

l1v3r

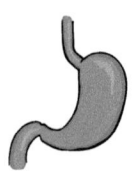

vatsa

570m4ch

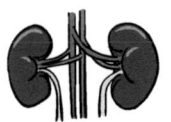

munuaiset

k1dn3y5

seksi

53x

kondomi

c0nd0m

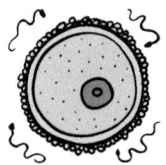

munasolu

0vum

sperma

53m3n

raskaus

pr36n4ncy

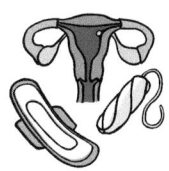

kuukautiset

m3n57ru4710n

vagina

v461n4

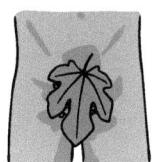

penis

p3n15

kulmakarvat

3y3br0w

hiukset

h41r

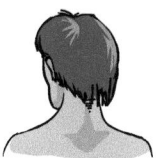

niska

n3ck

sairaala

h05p174l

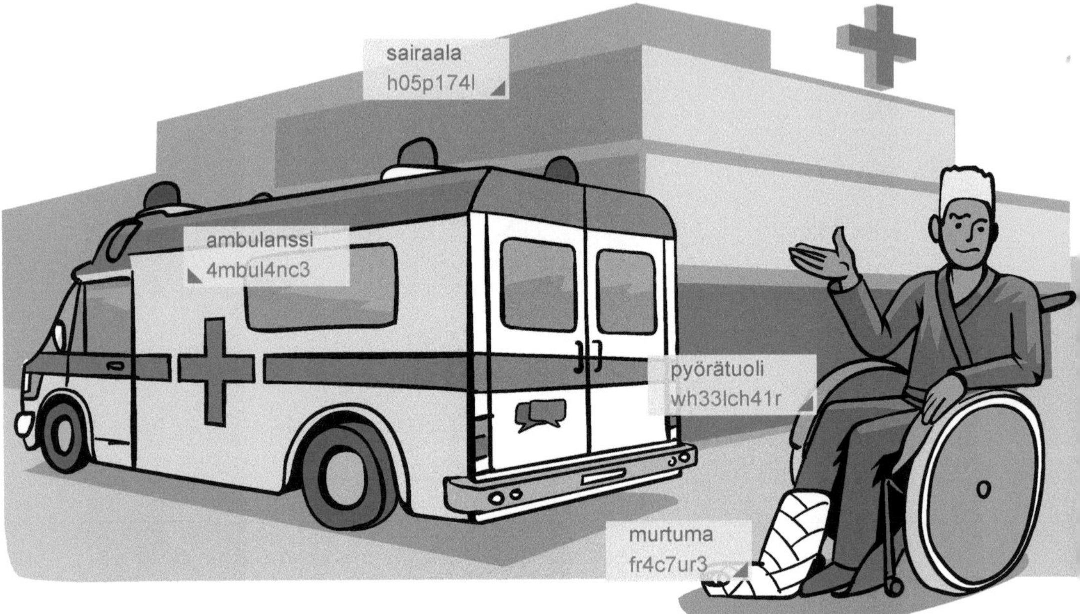

sairaala
h05p174l
ambulanssi
4mbul4nc3
pyörätuoli
wh33lch41r
murtuma
fr4c7ur3

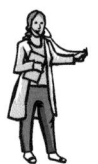

lääkäri

d0c70r

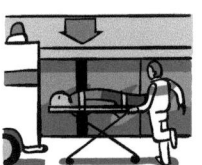

ensiapu

3m3r63ncy r00m

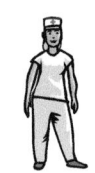

sairaanhoitaja

nur53

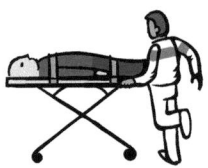

hätätilanne

3m3r63ncy

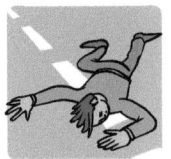

tajuton

unc0n5c10u5

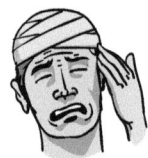

kipu

p41n

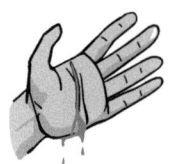

vamma

1njury

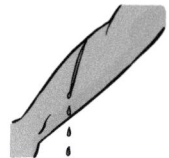

verenvuoto

bl33d1n6

sydänkohtaus

h34r7 4774ck

aivoinfarkti

57r0k3

allergia

4ll3r6y

yskä

c0u6h

kuume

f3v3r

flunssa

flu

ripuli

d14rrh34

päänsärky

h34d4ch3

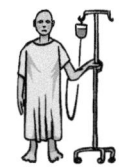

syöpä

c4nc3r

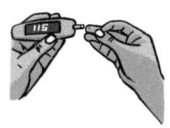

diabetes

d14b3735

kirurgi

5ur630n

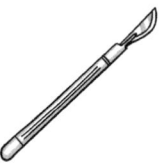

veitsi

5c4lp3l

leikkaus

0p3r4710n

ct

c7

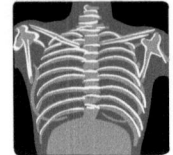

röntgen

x-r4y

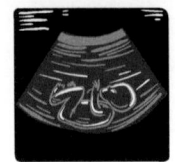

ultraääni

ul7r450und

maski

f4c3 m45k

sairaus

d153453

odotushuone

w4171n6 r00m

sauva

cru7ch

laastari

pl4573r

side

b4nd463

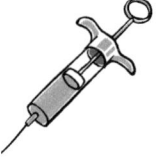

pistos

1nj3c710n

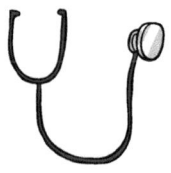

stetoskooppi

5737h05c0p3

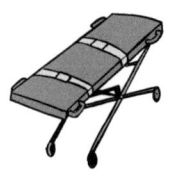

paarit

57r37ch3r

kuumemittari

cl1n1c4l 7h3rm0m373r

syntymä

b1r7h

ylipaino

0v3rw316h7

kuulolaite

h34r1n6 41d

desinfiointiaine

d151nf3c74n7

infektio

1nf3c710n

virus

v1ru5

HIV / AIDS

h1v / 41d5

lääke

m3d1c1n3

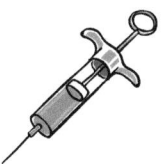

rokotus

v4cc1n4710n

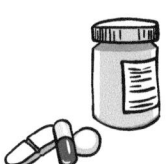

tabletit

74bl375

pilleri

p1ll

hätäpuhelu

3m3r63ncy c4ll

verenpainemittari

bl00d pr355ur3 m0n170r

sairas / terve

1ll / h34l7hy

Apua!

h3lp!

hälytys

4l4rm

ryöstö

4554ul7

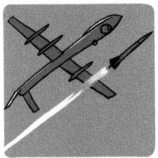

hyökkäys

4774ck

vaara

d4n63r

hätäuloskäynti

3m3r63ncy 3x17

Tulipalo!

f1r3!

palosammutin

f1r3 3x71n6u15h3r

onnettomuus

4cc1d3n7

ensiapulaukku

f1r57-41d k17

SOS

505

poliisilaitos

p0l1c3

Eurooppa

3ur0p3

Pohjois-Amerikka

n0r7h 4m3r1c4

Etelä-Amerikka

50u7h 4m3r1c4

Afrikka

4fr1c4

Aasia

4514

Australia

4u57r4l14

Atlantin valtameri

47l4n71c

Tyynimeri

p4c1f1c

Intian valtameri

1nd14n 0c34n

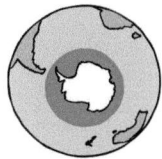

Eteläinen jäämeri

4n74rc71c 0c34n

Pohjoinen jäämeri

4rc71c 0c34n

pohjoisnapa

n0r7h p0l3

etelänapa

50u7h p0l3

Antarktis

4n74rc71c4

maa

34r7h

maa

l4nd

meri

534

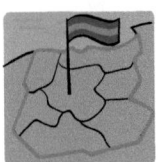

saari

15l4nd

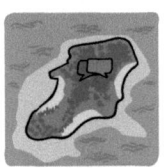

kansa

n4710n

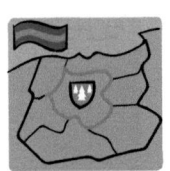

osavaltio

57473

kellotaulu

cl0ck f4c3

tuntiviisari

h0ur h4nd

minuuttiviisari

m1nu73 h4nd

sekuntiviisari

53c0nd h4nd

Paljonko kello on?

wh47 71m3 15 17?

päivä

d4y

aika

71m3

nyt

n0w

digitaalikello

d16174l w47ch

minuutti

m1nu73

tunti

h0ur

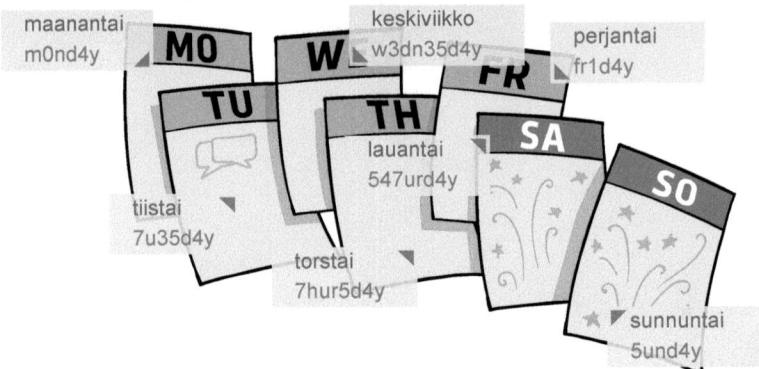

maanantai
m0nd4y

keskiviikko
w3dn35d4y

perjantai
fr1d4y

tiistai
7u35d4y

lauantai
547urd4y

torstai
7hur5d4y

sunnuntai
5und4y

eilen

y3573rd4y

tänään

70d4y

huomenna

70m0rr0w

aamu

m0rn1n6

keskipäivä

n00n

ilta

3v3n1n6

työpäivät

w0rkd4y5

viikonloppu

w33k3nd

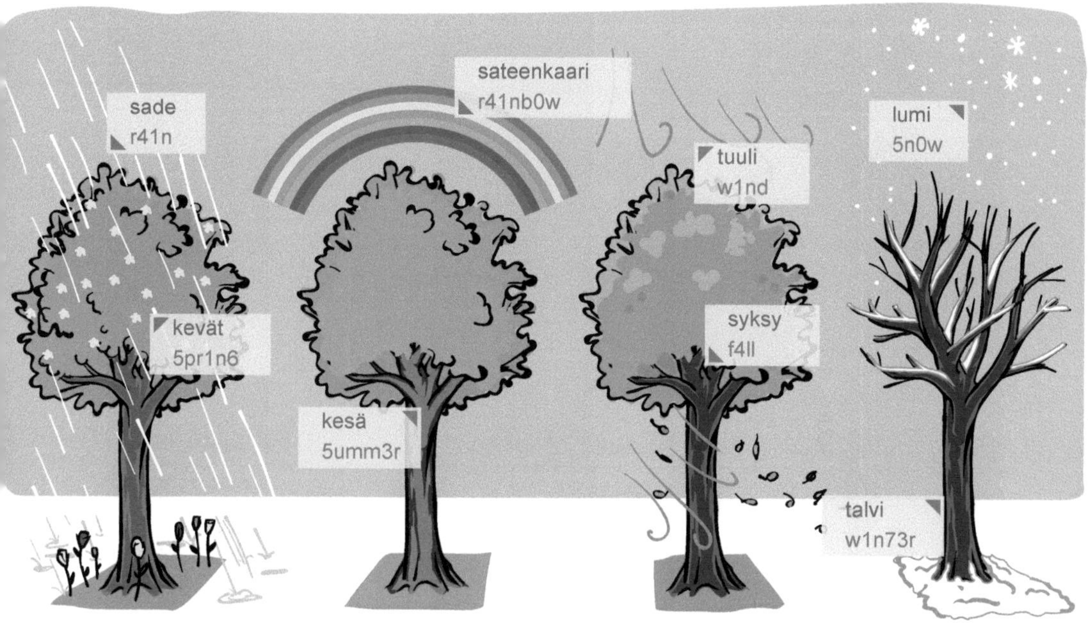

sateenkaari
r41nb0w

sade
r41n

lumi
5n0w

tuuli
w1nd

kevät
5pr1n6

syksy
f4ll

kesä
5umm3r

talvi
w1n73r

4.APRIL	11°	☀
5.APRIL	4°	⛆
6.APRIL	13°	☂
7.APRIL	8°	❄
8.APRIL	10°	☀

sääennuste

w347h3r f0r3c457

lämpömittari

7h3rm0m373r

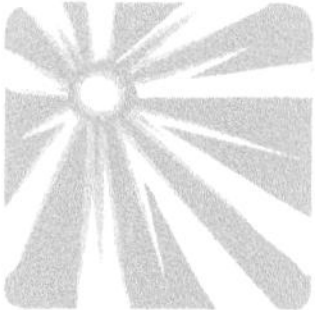

auringonpaiste

5un5h1n3

pilvi

cl0ud

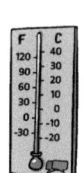

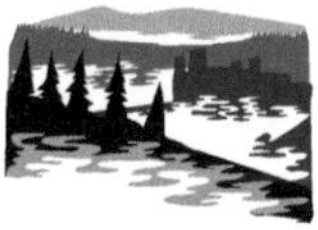

sumu

f06

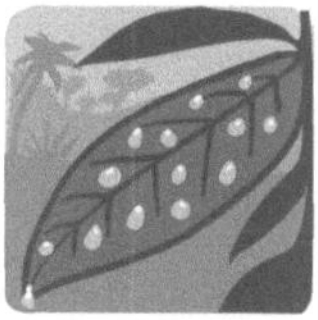

ilmankosteus

hum1d17y

salama

l16h7n1n6

ukkonen

7hund3r

myrsky

570rm

rae

h41l

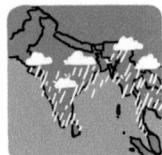

monsuuni

m0n500n

tulva

fl00d

jää

1c3

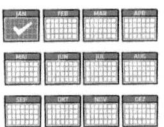

tammikuu

j4nu4ry

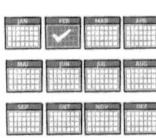

helmikuu

f3bru4ry

maaliskuu

m4rch

huhtikuu

4pr1l

toukokuu

m4y

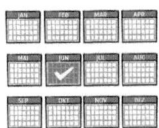

kesäkuu

jun3

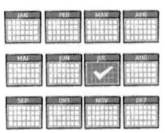

heinäkuu

july

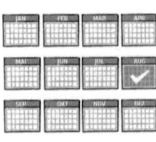

elokuu

4u6u57

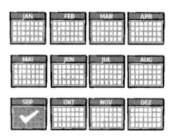

syyskuu

53p73mb3r

lokakuu

0c70b3r

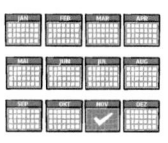

marraskuu

n0v3mb3r

joulukuu

d3c3mb3r

muodot
5h4p35

ympyrä

c1rcl3

neliö

5qu4r3

suorakulmio

r3c74n6l3

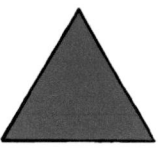

kolmio

7r14n6l3

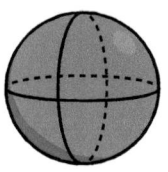

pallo

5ph3r3

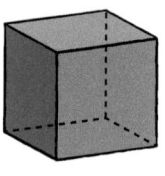

kuutio

cub3

valkoinen

wh173

keltainen

y3ll0w

oranssi

0r4n63

vaaleanpunainen

p1nk

punainen

r3d

violetti

purpl3

sininen

blu3

vihreä

6r33n

ruskea

br0wn

harmaa

6r4y

musta

bl4ck

paljon / vähän

4 l07 / 4 l177l3

vihainen / ystävällinen

4n6ry / c4lm

kaunis / ruma

b34u71ful / u6ly

alku / loppu

b361nn1n6 / 3nd

suuri / pieni

b16 / 5m4ll

vaalea / tumma

br16h7 / d4rk

veli / sisko

br07h3r / 51573r

puhdas / likainen

cl34n / d1r7y

täydellinen / epätäydellinen

c0mpl373 / 1nc0mpl373

päivä / yö

d4y / n16h7

kuollut / elävä

d34d / 4l1v3

leveä / kapea

w1d3 / n4rr0w

syötävä / syömäkelvoton

3d1bl3 / 1n3d1bl3

paha / kiltti

3v1l / k1nd

innostunut / tylsistynyt

3xc173d / b0r3d

lihava / laiha

f47 / 7h1n

ensimmäinen / viimeinen

f1r57 / l457

ystävä / vihollinen

fr13nd / 3n3my

täysi / tyhjä

full / 3mp7y

kova / pehmeä

h4rd / 50f7

painava / kevyt

h34vy / l16h7

nälkä / jano

hun63r / 7h1r57

sairas / terve

1ll / h34l7hy

laiton / laillinen

1ll364l / l364l

älykäs / tyhmä

1n73ll163n7 / 57up1d

vasen / oikea

l3f7 / r16h7

lähellä / kaukana

n34r / f4r

uusi / käytetty

n3w / u53d

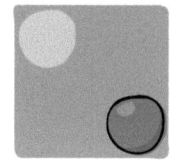

ei mitään / jotain

n07h1n6 / 50m37h1n6

vanha / nuori

0ld / y0un6

päällä / pois päältä

0n / 0ff

auki / kiinni

0p3n / cl053d

hiljainen / äänekäs

qu137 / l0ud

rikas / köyhä

r1ch / p00r

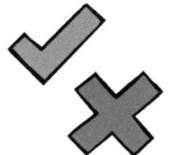

oikein / väärin

r16h7 / wr0n6

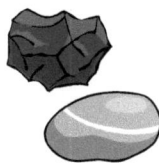

karhea / sileä

r0u6h / 5m007h

surullinen / iloinen

54d / h4ppy

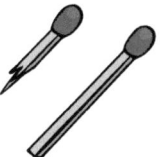

lyhyt / pitkä

5h0r7 / l0n6

hidas / nopea

5l0w / f457

märkä / kuiva

w37 / dry

lämmin / viileä

w4rm / c00l

sota / rauha

w4r / p34c3

0	**1**	**2**
nolla	yksi	kaksi
z3r0	0n3	7w0

3	**4**	**5**
kolme	neljä	viisi
7hr33	f0ur	f1v3

6	**7**	**8**
kuusi	seitsemän	kahdeksan
51x	53v3n	316h7

9	**10**	**11**
yhdeksän	kymmenen	yksitoista
n1n3	73n	3l3v3n

12
kaksitoista
7w3lv3

13
kolmetoista
7h1r733n

14
neljätoista
f0ur733n

15
viisitoista
f1f733n

16
kuusitoista
51x733n

17
seitsemäntoista
53v3n733n

18
kahdeksantoista
316h733n

19
yhdeksäntoista
n1n3733n

20
kaksikymmentä
7w3n7y

100
sata
hundr3d

1.000
tuhat
7h0u54nd

1.000.000
miljoona
m1ll10n

englanti

3n6l15h

amerikanenglanti

4m3r1c4n 3n6l15h

mandariinikiina

ch1n353 m4nd4r1n

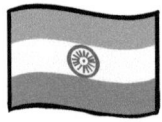

hindi

h1nd1

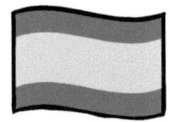

espanja

5p4n15h

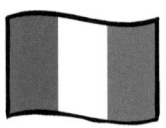

ranska

fr3nch

arabia

4r4b1c

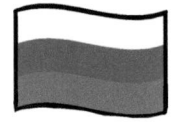

venäjä

ru5514n

portugali

p0r7u6u353

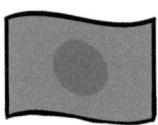

bengali

b3n64l1

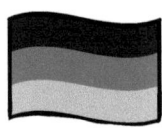

saksa

63rm4n

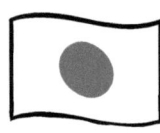

japani

j4p4n353

minä

1

sinä

y0u

hän

h3 / 5h3 / 17

me

w3

te

y0u

he

7h3y

kuka?

wh0?

mitä / mikä?

wh47?

miten?

h0w?

missä?

wh3r3?

milloin?

wh3n?

nimi

n4m3

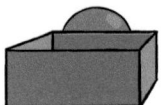

takana

b3h1nd

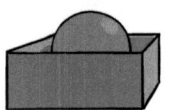

sisällä

1n

edessä

1n fr0n7 0f

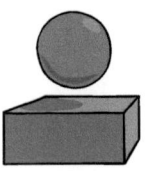

yläpuolella

0v3r

päällä

0n

alapuolella

und3r

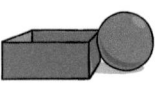

vieressä

b351d3

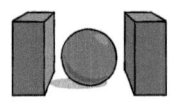

välissä

b37w33n

paikka

pl4c3